善知識 27

一行禪師
Thich Nhat Hanh◎著
汲喆◎譯

U0003354

一行禪師的禪法心要

見佛殺佛

Zen Keys

目次

【推薦序】
有如實知見，才有如實行履 林谷芳.....6

【譯序】
隨一行禪師走入禪的世界 汲喆.....11

【導論】
以「禪」找回最基本的人性 釋自鼐.....14

第一章　正念的修行.....35
　　1 一本小書.....36
　　2 必要的覺知.....39
　　3 正念.....41

第二章　一杯茶.....43
　　1 見性.....44
　　2 菩提達摩的開示.....45
　　3 佛教的革命.....47
　　4 無我.....50
　　5 事物與概念.....52
　　6 諸法互即互入.....53
　　7 形而上學的虛幻.....54
　　8 體驗本身.....56
　　9 開悟之時.....57

第三章　庭前柏樹子.....59

1 禪的語言.....60

2 指與月.....62

3 逢佛殺佛.....64

4 洗缽盂去！.....66

5 妙答.....68

6 公案的效用.....70

7 公案的意義.....74

8 趙州的「無」.....76

9 你看見柏樹了嗎？.....80

10 心要純熟.....84

第四章　見山是山，見水是水.....89

1 心印.....90

2 真心與妄心.....94

3 本來的實相.....96

4 燈與燈罩.....99

5 直接的體驗.....102

6 不二法門.....104

7 互即互入.....109

第五章　空性的足跡.....111

1 禪宗的誕生.....112

2 禪與西方.....115

3 禪與中國.....117

4 空性的觀念.....120

5 早期佛教教派的觀念.....122

6 大乘佛教的興起.....124

7 返本還源.....126

8 非A之A才是A.....128

9 契入真如.....132

10 主與客.....134

11 三解脫門.....136

12 龍樹的「八不」思想.....138

13 中道.....141

14 唯識學派.....143

15 諸法的分類.....145

16 八種識.....146

17 唯識的方法.....149

18 阿賴耶識為根本.....152

19 覺悟之路.....155

第六章　人的再生.....159

1 禪院生活.....160

2 安居.....163

3 參禪.....165

4 在家眾的角色.....166

5 禪與今日世界.....167

6 前瞻未來.....169

7 有可能開悟嗎？.....172

8 東方禪vs.西方工業文明.....177

第七章　課虛錄──四十三個公案及陳太宗之頌.....179

1 語錄問答門下.....181

2 拈頌偈.....183

附錄

梅村簡介.....204

有如實知見，才有如實行履

　　佛門諸宗中，禪沁入文化最深，根柢的原因固由於禪不只要超凡入聖，更得超聖回凡，但禪公案行儀的懸疑生動也起了重大的催化作用，文人墨客受其吸引乃競相談禪，但口頭禪、文字禪一成主流，「言道者多，證道者少」遂成為「不立文字」禪門的最大反諷。

遺忘立宗基點的禪

　　這種異化自宋開始，元、明、清以降則愈演愈烈。而當代許多人的禪雖引自歐美，其所依多來自鈴木大拙的禪學，但問題卻在於鈴木有他的應機眾，他要讓禪進入幾乎沒有任何佛教土壤的西方，於是，側重公案的解讀、禪特質的系統性介紹，乃至相類比於西方宗教哲學的說辭，便成為鈴木禪學寫作的特色。不幸的是，從這樣所了解的禪，即使不視之為偏頗，至少也是向特定方向傾斜的禪。

　　傾斜之一是太側重「悟」的拈提。誠然，「悟」是禪的標舉乃至核心，但「悟」的形式並非一定是瞬然地大徹大悟，

它也可能綿綿密密，自然圓成。更何況，「悟」並不就是一切，先不談「悟」有大悟、小悟，更重要的是，悟後還需含藏溫養的功夫，要長養聖胎，才不致退轉，所謂「理須頓悟，乘悟併銷，事資漸修，因次第盡」，許多從鈴木禪學得啟發者，就缺乏這樣的基本認識，而悟前的功夫當然也在被忽略之列。

傾斜之二是太側重公案的解說。拈提公案是接引教外人入禪之所需，但公案的拈提不同於解說，面對西方，這裡有鈴木大拙的兩難，而如果將之直譯回東方，更有過度說破之嫌，公案一成為知解，作用就不可能產生，禪就只能成為生活的小粧點與小趣味。

猶有進者，側重公案的背後，真正傾斜的其實是過度強調了臨濟禪的特質，忽略了曹洞禪在宗門裡的意義。

臨濟與曹洞在宋時各自發展出「話頭」與「默照」的修行法門，它們雖不似早期宗門的大破大立、無有定法，卻令學人能得個入處，且由此還可「一超直入如來地」。所謂「話頭禪」原是「公案禪」的進一步發展，「默照禪」則是將禪坐這禪門基本功的作用發揮到極致，令其直接相扣於悟道，它的發展到了日本成為道元希玄的「只管打坐」，而這「坐禪為佛法全道」、「只管打坐，莫論其他」的禪門系統，在鈴木一系為西方人所述的禪學中，則幾乎不佔有一絲地位。

在禪的了解上，少了這樣的一塊，不能不說是種巨大的遺

憾。

也所以，當代知識份子的談禪能非直承元、明、清的遺風，卻必然會是同樣的口頭禪與文字禪，而其偏頗所致，「禪宗是不坐禪的」竟已成為許多談禪者的「基本認知」，一個強調「言語道斷、心行處滅」的法門，在此卻被徹底遺忘了它的立宗基點。

因此，給予有心者一個較全面的禪的認知，即是撥亂矯枉所必須做的第一件事，而一行禪師的這本《見佛殺佛——一行禪師的禪法心要》就時時起著這樣的作用。

一行禪師談公案與坐禪

然而，雖說是全面的了解，這本書卻非一般概念下的「導論」，老實說，書中所提的種種，對沒有一些禪學基礎者來說，往往不具有任何意義。更精確地說，這本書其實是針對那些於禪有接觸，甚或已在參禪的人所寫的。因此，他在這裡提醒讀者：你該以何種態度來看待禪？禪宗法門的作用何在？不同法門間的關係又是如何？以此，透過與書中論點的對照，你乃能知道自己對禪的了解究竟掌握了多少。

就是這樣的基點，一行禪師在書中才得從禪的根本態度說起，然後將公案、坐禪等一一加以定位。至於書後附錄的越南陳太宗的公案評唱，相較之下就顯得「突兀」許多，拈提

的層次與前面似乎相差極大，但如果我們將前面看來似乎淺顯的部分視為一種禪法地圖的掃描，則真能從其中發覺可貴訊息的，也必然是對禪有一定的認知者，以此，讓他們直接契入公案評唱而不加解說，恰恰就對應了書中前部的精神。

在公案上，一行禪師特別強調它的個人性，這點很有意思，為什麼既稱公案，又須應機？因為「公」指的是「悟」與佛性的客觀性，「應機」則是禪應病予藥的基點，從這點來看，作公案解答者，其實早已背離了公案存在的根本精神。

而就坐禪，一行禪師則將曹洞坐禪的觀念及原則做了直接的表達，讓讀者無所遁逃地必須接納坐禪在禪門修行的根本地位。所謂「打坐不是為了思考公案，而是為了點亮內心的覺悟之燈。如果點亮了心燈，公案的意義就會十分自然地顯現出來。」除開曹洞禪書外，一般禪的著作能如此拈提者的確很少。

修行為「化抽象的哲理為具體的證悟」，所以修行人才稱為「行者」，禪標舉不立文字，原是徹底的行門，但溈山靈祐卻說「只貴子見正，不說子行履」，許多人因此也以為禪只須知見即可，其實話的本身是在說：只有知見正了，行履才不致走偏。

這些年來，言道者多，證道者少，固由於行門不彰，但行門之所以不彰，則往往來自對禪的誤解，而一行禪師的這本

書就在讓行者能從「如實知見」中產生「如實行履」。

　　坦白說，做為「心要」對這本書來說也許太沈重了些，但作為檢驗知見、行履之所據，它的確是簡潔、清楚、全面，既扣住原點，又針砭時弊的一本禪書。

隨一行禪師走入禪的世界

西元2000年10月，我在巴黎見到剛訪問過梅村的明奘法師。他滿懷喜悅地從行李箱中拿出十幾本一行禪師(Thich Nhat Hanh)的英文版作品給我看，並約我翻譯其中一部。我逐一流覽，最後選擇了這本《見佛殺佛——一行禪師的禪法心要》(*Zen Keys*)。

今天，中文世界的讀者對一行禪師也許並不陌生。從1990年代開始，這位享譽歐美的越南禪師的作品，已有不少被相繼譯成中文，在海峽兩岸出版。禪師本人，也曾數次率眾訪問過台灣和大陸。相對而言，《見佛殺佛》是一行禪師較早的一部著述，成書於1970年代。那時，正是禪師因為在越戰中開展反戰和救助戰爭受害者的佛教社會運動，而被迫流亡後不久。因此，這本書是禪師最早、最系統地向西方世界講授禪法心要的作品之一。全書線索清楚、要語不繁，是一行禪師禪法的基本綱要。90年代，禪師本人再度對全書進行了修訂和增補。這裡呈現給讀者的中文版，即是依據修訂版譯出的。

由於是一部提綱挈領性的講義，所以本書涉及的內容甚

廣。從一行禪師禪法的核心概念——正念——出發，本書闡述禪宗的基本世界觀，包括無我性空、諸法緣起、互即互入、重在體驗等觀點，同時旁徵博引，講解公案的意義、效用和參究方法。此外，一行禪師還簡明扼要地介紹了佛教、禪宗的歷史和基本經典。傳統佛教的般若、中觀、唯識諸學，經過重新詮釋後娓娓道來，古今中西，全都圓融無礙。

作為宗教師，同時也是詩人，一行禪師行文深入淺出，筆調清新而優美。在表面的平淡背後，往往透出堅定的信仰和真誠的人道關懷。在翻譯的過程中，我常常被禪師在字裡行間所展現出的智慧與慈悲所打動。相信讀者——無論是不是佛教徒，不僅能從本書中得到禪的知識，而且更重要的是，還可以從閱讀本書中獲得一種禪的直接體驗。

一行禪師早年在寺中受過很好的中文教育，講學時也常常寫出漢字加以解說。在本書中，他引用了大量漢譯佛典和中國祖師的公案。這些內容，我均努力找到中文原典，做出譯註，以方便讀者對照閱讀。不過，由於缺乏越南漢文佛教資料，所以一些古代越南禪師的中文作品，暫時只能依據英文擬譯。這令我深感遺憾，也懇請讀者包涵。

此外，一行禪師從十三世紀的越南漢文古籍《課虛錄》中選出了兩節，譯成英文附後。這部分內容，若從英文再回譯成中文顯然是不合適的，然而《課虛錄》的中文原本卻頗不易得。經過多方尋覓，最後在法國Spicq女士和Poisson先生的

幫助下，位於巴黎南郊的越南佛教團體Phât Dường Khuông Viêt的法師為我找到了《課虛錄》，並慷慨出借供我複印。至此，翻譯工作始克完成。

有幸翻譯這本書，並進而對一行禪師的梅村有所了解，我要感謝河北趙縣柏林禪寺的明奘法師和明海法師所提供的因緣。明堯、明潔兩位居士對於部分譯名的確定多有指教，在此深表謝意。這本書能在台灣出版，還要感謝本驥、珊華的工作，和好友瑞樺、麗雲的幫助。最後，我還要感謝一行禪師的弟子、梅村的法療(Phâp Lieu)法師。在我2003年訪問梅村期間，他對我的照顧和鼓勵，令我難以忘懷；他幫助我對越南佛教有了直接深切的接觸，使我對越南人民產生了極親近的情感。

汲喆

2005年9月5日於巴黎

導論 | 菲力浦・卡普樂 |
以「禪」找回最基本的人性

　　一行禪師(Thich Nhat Hanh)❶這本《見佛殺佛——一行禪師的禪法心要》以英文出版，對於美國讀者來說，具有特別的意義。

　　我們美國與越南的因緣是如此深刻而又具有悲劇性，這本書堪稱是越南佛教對美國人的第一次詳明的建言。但其意義還不只於此，因為一行禪師並非一般的佛教徒，他是在禪院中受到訓練、成長，業已成就佛教修行智慧與慈悲之果的一位禪僧。

　　三十多年來，作為越南佛教和平運動主要發言人之一的他，始終不渝地投身到塵世之中，投身到二十世紀戰火蹂躪下苦難的越南，把一種「入世的」(engaged)佛教帶入了越南民眾的主流生活，並介紹到世界各地。面對迫害、監禁，甚至死亡的威脅，他不顧個人安危，一再地大聲疾呼，告誡人們要拋棄仇恨與刻毒，真正的敵人不是人，而是人心中的貪婪、瞋恨和愚痴。

　　有些美國的佛教徒以為，佛教就是只求內心覺悟的拒世教派，以為禪修就是意守丹田以逃避生活的痛苦，那是他們對

一行禪師和他筆下的佛教還一無所知。所以，對美國讀者來說，在鑽研這本著作之前，先了解一下作者的這些生平事蹟是很重要的。

在日常生活中保持覺醒

儘管本書常常體現出佛教哲學艱深的一面，但一行禪師卻是以具體、實在的禪院生活來開篇的，其重點不在於對哲學概念的學習，而在於簡單的勞動和有所覺知的生活。因為依「禪」而言，知識性地學習只是在研究功能表而已，踏踏實實的修行才算嚐到美味。

正如一行禪師所說，生存的真理是經由深刻地覺知顯現出來的，而深刻的覺知則來自一心正念的生活，來自無論做任何事都要時時刻刻保持的「覺醒」。「覺知行動」的最佳著力之處就是日常生活，特別是個人的日常工作。

然而，在我們所生活的這個社會中，許多人的目標就是儘可能地少工作。不管在辦公室或家裡，工作處都被視作為沈悶無趣的所在，工作不僅未被當成是生活中富有創造性和能發揮個人才能的部分，反而被認為是壓抑的、令人不快的事。這和「禪」是多麼的不同啊！依據「禪」，人所做的任何事都能成為實現自我的一種途徑；他的每個行為、動作，都是全心全意地去完成的，並無絲毫的懈怠。

依照「禪」的說法，我們按此方法做的每件事都具有「佛意」，且行動愈是一心一意和無私忘我，就愈接近於自我的實現。因為，除卻掄起鐵錘、清洗食具、敲擊鍵盤、剪除雜草這些純粹的行動外，還有什麼呢？除此之外，其他如回想往事、臆測未來、權衡計較工作等，所有在頭腦中忽隱忽現的這些，難道不都是阻礙我們全心投入到真正生活中的鬼魅與幻影嗎？

　　要進入「禪」的覺知──「醒來」，這意味著我們要清除胡思亂想的不良習氣，使心靈恢復其原初純淨和澄明的狀態。禪宗認為，比之單單獨坐一處、無所事事，在世間的實踐反而能使我們獲得更大的力量。因此，每個人的日常工作就是他的禪堂，他手上的任務就是他的修行。這就是所謂的「為自己工作」。

　　在「禪」之中，所有的工作都受到平等看待。因為我們平時很容易陷入二元論的圈套，將工作區分為愜意的和討厭的，或有創造性和無創造性的。為了根除人們這種對工作權衡計較的習慣，剛開始習禪的沙彌在其訓練之初，往往會被派去拔草、糊信封，或去做其他一些看起來無足輕重的、「無創造力」的工作，這也是為什麼住持和尚自己也要經常打掃廁所的原因。

　　這是因為真正的創造，只有在心已真空、人已完全沈浸在工作的情況下才有可能產生；只有在完全擺脫自我意識的重

負，完全認同工作時，才能體會到這種超越與滿足的喜悅。在這種創造之中，我們直覺的智慧和喜悅才會自然面然地生發出來。

當然，以上所有這些並不表示改善工作條件，和使工作更具意義的努力是毫無價值的。例如，我們今天就對工廠中把人變成機器的作法，表示關注和反對。但如果工人心裡對其工作或上級總是忿忿不平，工作習慣也因而變得馬虎、懶散，甚至怨恨生活，那麼這種態度只會傷害他自己，而無助於改變工作條件。一個人該工作時就工作，沒有什麼能阻礙他；該改變環境時就去改變；甚至該反抗時就起來反抗。在「禪」的境界裡，一切都要實際去做，而非限於沈思冥想。

還有一點需要說明，那就是未經訓練的、被自我所操控的心，是使人喪失精力的竊賊。我們大多數人每天工作結束時所感受的疲憊，其實並非身體的自然勞累，而是一天下來充斥在腦中的各種無用的想法、焦慮和擔心所造成的，更遑論那些爆發出來的或壓抑在心頭的氣憤和怨恨了。

這些消極的精神狀態，可能比任何其他事物都更能消耗我們的精力，相反地，受過訓練的禪者則會在日常生活中警醒行事，他只會把精力花在手中的工作上，而不會浪費在焦慮、幻想或忿恨的煎熬上。所以，在一天繁忙的工作結束時，他依然不會感到精疲力竭。

正念於「無常」和「無我」

在這本書中，一行禪師通篇都在強調，正念就是一切，它不僅僅只是注意力而已。的確，這世界正是由於缺乏正念，才有如此多的暴力和痛苦。因為如果心靈感到與生活、自然分離，而受制於無所不在的自我，那就會躁動著去破壞、殺生，不惜代價地滿足自己無止盡的欲望。

無覺知的心對人和物都沒有感情，不懂得體會和欣賞事物本身的價值，而只把它們看作是滿足己欲的對象。而有覺知的人卻能洞察到存在的不可分割性，洞察到一切生命所具有的深刻複雜性及其相互依存的關係，這使他從內心培養出對於事物絕對價值的深深敬意。出於這種對於生物或非生物之價值的敬畏之心，他自然就希望看到事物能被恰當地使用，而非被漫不經心地浪費或破壞。

因此，習禪確實意味著別在不需要時開燈，別讓水龍頭的水空流，別倒掉剩飯、剩菜。不僅因為這些都是粗心之舉，還因為這些行為表明我們對於被浪費和破壞的東西所具有的價值無動於衷，對於人們為此付出的辛勞漠不關心。例如一頓飯，就涉及農人、運輸者、店主、廚師和侍者的勞動。之所以會有這種無動於衷和漠不關心，是因為心靈以為它與世界是相分離的，以為世界就像是無目的，隨機變化的混亂成

一團。

　　而一行禪師所講佛教的「無常」和「無我」學說，則能解決這種割裂觀點所帶來的焦慮。任何覺察到生命種種實相的人，都不會否認無常並非什麼神秘哲學的創見，而只是事物「如是」的具體化。

　　在過去的一世紀中，社會和制度層面的持續波動和巨大變遷是前人所不知的。每天的新聞，幾乎都會報導一些世界上新發生的、令人眼花撩亂的變故：饑荒與自然災害；戰爭與革命；環境、能源與政治危機；世界金融與經濟危機；離婚與精神分裂人數的增加；心臟病、癌症或其他致命疾病所造成的健康問題等，更遑論那些因交通事故和吸毒過量所造成無意義的死亡了。大多數人在端詳這個似乎千變萬化、混亂無序的世界時，唯獨看不到其中所蘊含的自然如是的法則，也體會不出這些此起彼伏、不可避免的變化後面，所隱含的統一與和諧。

　　所以，他們內心充滿焦慮、無力感，覺得人生毫無意義。因為他們並未具體洞察和直覺理解世界的真相，而除了向那些舒適的物質條件和感官享樂投降以外，還能做些什麼呢？可是，恰恰是在這個看似無意義、變亂無章的世界中，禪宗的佛教徒們昂然而立。他們沈著、鎮定，因為知道生命遠不只於感官所能體會的那些——變化中一定有某種不變，無常中一定有某種永恆，缺憾中一定有圓滿，混亂中一定有平

靜，嘈雜中一定有安寧，而且最根本的，死中也有生。

因此，他們無所執著亦無所排斥，無所接受亦無所捨棄，每天只是認真完成自己的工作，做好應做的事，在力所能及的範圍內幫助他人。就如佛經中所說的那樣，「面對一切，他們既無狂喜，也無沮喪。」

一如無常法則，「無我」的教義也並非哲學思辯的產物，而是表達出最深刻的宗教體驗。與我們平日所認為的相反，它確認我們的存在並非僅僅是身或心，或是兩者的合一。那麼，我們到底是什麼呢？佛陀在大徹大悟之後回答說，是對自我的破除：

> 我告訴你們真理，在我們的六尺之軀中，除了種種思想
> 和知覺以外，還有世間的生起和世間的滅盡，以及通往
> 世間滅盡之道。

還有什麼比這更壯麗、更令人振奮的呢？這是最高的肯定，保證我們絕不只是一個弱小無力的肉身與思想的混合體，或被變幻莫測的命運拋入無邊無際世間的一粒微塵──我們並不遜於日月、星辰和大地。既然我們生來就已擁有這世界，為何還要企圖聚斂財富和權勢來擴張自我呢？為何我們「在一個我從未建造的世界裡，感到孤獨且害怕」，有時顧影自憐、自暴自棄，有時又自以為是、胡作非為呢？

我的看法是：這是因我們並未正確地認識自我形象和與世界的關係，而被自己有限的五識和分別能力（即佛教中的第六識）所欺騙。它們所傳達的世界，是個分別自他的二元世界，是各種事物相互割裂、各自孤立的世界，是痛苦與爭鬥、生與滅、殺與被殺的世界。

　　可是，這幅圖像並非真實的，因它僅僅抓住了表面現象。這就如我們只看到冰山露在水面上的那八分之一，而不知水下還有其八分之七的龐大體積一般。如果我們能透過這千變萬化的表象，看到深層的實相，就會認識到本質上只有和諧、統一和穩定，而且這種圓滿與不斷轉變的現象世界，其實並無分別。然而，我們的視野太受侷限，而直覺又是那麼微弱。

　　但這還不是全部。駕馭著我們感覺的是一個的鬼影，它懷著種種貪得無厭的欲望和野心。要問這鬼影的名字，那就是「自我」，這自我之魔施展出來的致命伎倆就是癡心妄念、貪欲和瞋恨。無人知道它從哪裡來，但可肯定的是，它始終在覬覦著人心。這狡詐的傢伙耍把戲騙我們相信：只要把自己交到它的手中，就能只管享受感官的快樂，而不會感到任何痛苦。

「自我」以語言作為操控人的手段

在「自我」用以操控我們的諸多手段中，要數語言的威力最大。例如，英語的語法結構，迫使我們不得不反復地使用人稱代名詞「我」(I)，以保證語法的準確和闡述的詳明。其實，「我」只不過是代表一個發言的角色，目的是為了對話的方便，可是我們在說話和做事時，卻把它當成真實存在的東西。

隨意拿任何一段對話舉例，都不難從中找出大量對「我」的強調——「我說……」、「我做……」、「我喜歡……」、「我痛恨……」。所有這些其實都是在「自我」的手心裡打轉，它們只會加重我們的勞役，並擴大我們的痛苦。因為愈是以「我」為出發點，我們就會愈深陷於「自我」那無休無止的欲求當中。

我們不能以不知道為藉口，或以「自我」的陰謀詭計太多為理由，來推卸責任，因為智者們早就不只一次地指出解脫之道。畢竟，語言只是我們的一種創造物，它反映我們的價值、理想和目標，以及看待世界的方式和與世界的關係。有些語言就並非一定要重複「我」才能使表達清楚、語法完整。

例如在日語中的有些情況，無須「我」或其他人稱代名詞，也能組成句子。正如這種語言所反映的，日本人理想中

的個人行為，就應該是自我謙恭的，雖然實踐上並非總是如此，但至少在理論上是這樣。而在現代美國人的語言中，「自我」被大大地加強，同時主動語態增多，被動語態則愈來愈少，這說明我們過去也許還崇尚自謙的品質，但今日已不再看重了。

借助於語言，「自我」之心還會以其他方式欺騙我們。它總是誘使人區別判斷，令我們愈來愈遠離具體和真實的事物，而沈溺於思辯和抽象的領域之中。例如有個人在走路時突然聽到鐘聲，他的分別心就會立刻去評斷這鐘聲是否悅耳，以及它是教堂的鐘聲或其他地方發出的聲音，腦中也會浮現過去所聽鐘聲的記憶，而和這次的鐘聲一起比較和分析。由於加上這麼多的判斷，純粹「聽」的體驗就一再地被弱化，最後他所聽到的已不再是聲音，而只是自己對聲音的想法了。

又例如我們都同意大家所指稱的某種事物為「樹」，可是此後就忘記了「樹」這個詞其實只是個抽象的概念，它絲毫未能揭示該事物的真實本體。那麼，樹到底是什麼呢？哲學家也許會說這是個究竟真理；植物學家會說它是個活的有機體；物理學家則將它解釋為大量核子和圍繞其不停旋轉的質子和中子；在畫家的眼裡，它又是個由不同色彩構成的獨特形體。而對於小狗來說，它是個小便的地方。所有這些描述、解釋和分析，其實都只是從這無限維度空間的某個角度

所得出的結論。樹的真實本性，遠遠超出我們對它作出的所有表述。

同樣地，我們把時間分為過去、現在和未來，並且細分為年、月、日等。這樣做很方便，但我們要記住，這種時間的「切片」只是人為的和抽象的，是分別心的產物，僅僅是對事情的表面作出辨別，並未說明時間的「無時間性」。因此，我們所構想的只是個概念化的、有限的世界，一個與真實相割裂的世界。

談到語言對現實的扭曲，「普通語義學」(generai semantics)①之父柯日布斯基(Korzybski)②指出，動詞「是」(to be)是罪魁禍首。他說：「動詞『是』的癥結在於，它寓意著一種靜態的、絕對的性質，而宇宙的法則卻是永恆遷流的。人一旦說出『這朵玫瑰是紅色的』，它就已變成另外的東西。此外，在別人看來，這朵玫瑰也許是粉紅色的。所以我們最好說：『這朵玫瑰在我看來是紅色的。』」這是柯日布斯基的觀點。

但在「禪」看來，玫瑰不僅是紅色的、粉紅色的或黃色的，而是一切顏色的，同時卻又無色。難道說「玫瑰就是玫瑰是玫瑰」(Rose is a rose is a rose)不比說「這朵玫瑰在我看來是紅色的」，能更貼切地傳達出宇宙的偉大和玫瑰的無限風情嗎？但為何我們非得說點什麼呢？直接進入玫瑰的內心——嗅它、觸摸它、品味它，那麼我們可能只會說「啊，太美了！」或更好只用一個「啊！」字，甚至最好一個字也不

說，只是發出會心的微笑──像花一般的微笑。

禪宗「活語」超越語言的限制

禪宗大師們對語言的陷阱始終保持警覺。他們認為語言總是「言過其實」(fits over experience like a glove)，使用語言的目的就是為了讓弟子們從這層限制中解脫出來。那麼，他們採用什麼方法呢？

禪宗六祖惠能有次教導弟子：「如果有人問你問題，並想得到一個『是』的答案，那你就回答『不』，反之亦然。如果他問你關於一個普通人的事，你就當他是問及一個聖人那樣去回答，反之亦然。要以這方法教他領會『中道』之義。只要以這方法回答問題，就不會出錯。」③

趙州是位著名的禪師，他曾被多次問道：「的確連狗也有佛性嗎？」④這問題的言下之意是說，如果人類這種高貴的生物能具有清淨和一切現成的佛性的話，那麼像狗這種低級的動物如何能擁有佛性呢？對於這問題，趙州禪師有時回答「無」，有時卻又說「有」。這些提問的人，要不是完全不明白為何佛說「一切眾生皆有佛性」，就是假裝不懂這道理，想聽聽趙州禪師如何作答。

既然佛性為眾生所共有，那麼從邏輯上來說，如何回答都無意義。可是如果在此所涉及的不僅是邏輯的問題，那麼趙

州所指的到底是什麼呢？莫非是他通過打亂語言的邏輯，在告訴弟子們絕對的真理是超越「有」與「無」，抑或說出「有！」或「無！」好讓提問者直下承當這佛性？

在另一個著名的公案中，趙州禪師的老師——南泉禪師有天回到寺院，看到寺僧正圍著一隻貓爭吵不休，原來他們是在爭辯貓是否也像狗一樣具有佛性。南泉根據當時的情況，決定利用這機會讓他們了悟真理，於是突然抓住那隻貓，並把牠高高舉起，說：「你們之中的哪一個若能道得禪是什麼，我就放了這隻貓，否則我就把它砍成兩半！」可是無人知道該說什麼，於是南泉就毅然將貓砍成了兩截（當然不是真砍，他只是做了一個象徵性的動作，但「斬貓」就此成為一個格外生動和富有戲劇性的公案）。

當天晚上，趙州禪師也從外面回到寺中，南泉禪師對他說起這件事，並問他：「如果當時你在場，你會怎麼做呢？」趙州和尚不置一詞，只是把草鞋脫了放在頭上頂著，踱步走出了房間。南泉禪師欣慰地說：「如果當時有你在，那隻貓就有救了。」⑤

那麼，如何才算是道得「禪」？在禪中有所謂「活語」和「死語」。令人讚歎的活語就是那種一針見血的話，是實實在在的、鮮活激越的話；而死語就是那種解釋說明的話，是乾癟蒼白、老調重彈的話。活語是統合的，而死語是分離割裂的。寺僧們與趙州和尚都一言未發，但南泉卻不滿前者而讚

賞後者，這是為什麼呢？南泉把貓「斬」為兩段的動作意味著什麼呢？說說看如今那死貓又在哪裡！當我們爭辯不休、無端假設、妄下斷言時，我們不都是死貓嗎？

一位中國禪師曾向其弟子提問：「一個和尚用牙咬著樹枝懸在空中，他的手攀不到上面的樹枝，腳也踩不到下面的樹枝。地上有個人鄭重地問他：『什麼是佛教的最高真理？』如果他開口回答，肯定要摔落在地，甚至喪命。但如果不回答的話，他又未盡到責任。他應該怎麼辦呢？」[6]

這可不是什麼尋開心的智力遊戲——根本不是。它揭示很多問題，其中之一便是人際關係中的基本問題：何時應發言，何時應保持沈默。巧舌如簧，說些華麗空洞的話，或誇誇其談，添油加醋做出各種解釋，對一個人的人格來說是有害的，甚至會致命。但沈默不語也可能是受難者怯懦的表現，且有各種沈默，有的沈默是因當事人不知該說什麼，有時則因勇敢剛毅，也有時沈默比任何話語都更加發聾振聵。那麼，這個和尚如果沈默，他的沈默又屬於哪一種呢？進一步說，他的沈默是否就是針對提問的回答呢？

這些故事和這種教授禪學的方法，由後世的禪師們收集起來，並留給弟子解答，作為訓練他們的一部分。這些故事被稱為「公案」（中文字面上的意思是「一個公開的記錄」），也就是據此可指示並體現究竟真理的一些案例，它們可不是習慣法中的司法先例。

在這本《見佛殺佛》中，最值得珍視的內容之一，就是越南陳朝(1225-1400)的第一位皇帝陳太宗所整理的那四十三篇公案，這是它們第一次被譯成英文。陳太宗在位時就開始習禪，在四十一歲那年，他讓位給兒子，從此便一心一意地投入了最精進的禪修當中。這些公案每篇都包含一個主題，並附有陳太宗所作的短評和偈語。雖然文章風格上類似於《無門關》（中國一部有名的公案典籍）[7]，但其特色仍然十分鮮明。

以「禪」去除身心與世界的污染

本書第六章名為「人的再生」，有些老到的讀者可能會認為這種說法是天真的，甚至是幼稚的。但如果我們輕忽這簡單的表述背後所蘊含的深義，那將是一個錯誤。

原因之一在於，一行禪師竭誠致力於東、西方的對話，他認為這種對話的基礎是相互的尊重與理解，而非西方的優越感，這種觀感已得到無數亞洲善思飽學之士的共鳴。

作為西方人的我們，如果真的要避免第三次世界大戰，防止種族滅絕和地球毀滅等並非不可能發生的災難的話，一定要認真聆聽這些發自亞洲內心的明智而誠摯的呼聲。

尤其是美國人，更應帶著一顆無有偏見、至誠至信的心來聆聽這呼聲，不僅是為我們要承擔自己在越南和亞洲其他國

家所造的業——在一代裡，我們就曾對那裡發動過三次地面戰爭——更是因為在很大的程度上，整個人類的命運就掌握在我們手中。只有愚鈍的人才會看不出來，我們的世界正處在十字路口，處在生死關頭。

我們需要找回自己最基本的人性，但正如一行禪師所指出的，我們因科技的發展而得意忘形，忽視對同胞的關愛。我們應清除這種驕狂和自私，最重要的是，要實現在道德上的再生和精神上的覺醒，也就是要覺知事物的真正本質，以及我們對世界所負有的責任。我們對自身和全球環境所造成的污染，以及因過度消費、揮霍濫用和不當管理，而浪費了日益減少的自然資源，這些都強烈地顯示出我們的貪婪和不負責任。我們美國人占世界人口的百分之五，卻消耗著全球近百分之四十的能源，對此狀況，世界其他地區的人民怎麼可能長時間地聽之、任之？我們目前正在經歷的全球性危機，也許就是他們反抗這種難以容忍的局面的第一個警訊。

現今許多美國人逐漸明白這道理，甚至一些政府領導人也說要多加改變現有的生活方式。但他們是否真正理解為什麼要如此做的精神意涵呢？我們又應如何根除在行動中根深柢固的貪、瞋、癡呢？換言之，我們應如何放下整個民族膨脹的「自我」呢？

一個顯而易見的答案就是——通過「禪」。在此所指的並非禪宗佛教，而是廣義的「禪」：它意味著一顆專注覺知的

心，一種節制、簡單、自然而非矯揉造作的生活，意味著對自身和全球福祉的慈悲關懷，而非以自我為中心的強硬霸道。簡言之，「禪」意味著一種與事物之自然秩序和諧統一，而非持續衝突的生活。

我們整日不絕於耳的污染問題，其實在「禪」的訓練中早就涉及到了。「禪」首先指出，在一切污染之中，最根本的就是人心的污染。此外，能源危機其實一直都是存在的。這種能源危機存在於人的內部：如何增長我們內在潛藏著的無限能量——打個比方說，就是如何實現心力的原子分裂——並善加利用，使之造福於自身和全人類呢？因為只有釋放出這些能量，我們自己的身心，乃至整個星球，才能趨於覺醒與覺知。

正如本書所指出的，由於戰爭、物質主義和唯科技觀的嚴重侵蝕，「禪」在東方日漸衰落。而在西方，由於物質和技術所能帶來的「幸福」生活，已失去往日的魔力，所以人們對「禪」的興趣方興未艾。隨著認識到工業技術的「主要貢獻在於滿足人的次要需求」，人們也就覺知到自己業已成為失控輪機上的齒輪，我們生活所依據的價值體系並不把人當作人，而只是當作商品消費者。

如果「禪」能在西方找到它永遠的家，能成為歐美人民生活中一種活生生的力量，那麼顯而易見，「禪」將會脫去東方的文化沈積，衍生出契合西方文化與社會需要的新形式。

一行禪師和其他亞洲禪者，對此都深信不移。

西方禪與亞洲禪的連結

一種新的西方禪的輪廓正在浮現，它的基礎基本上不是寺院，而較多是受戒的男女僧眾和在家眾共修佛道的中心，這些中心往往頗具規模，並附有一些在種種其他領域發揮作用的小團體。我們還會發現，許多美國社會中更加「覺知」的傾向，和這些「禪」的團體的生活方式結合。有很多這類團體只吃自然食品，組織起來自己種植蔬菜，過一種同修共用的生活，還有的把瑜伽和太極拳等修鍊身心的方式，也引入禪修當中。

此外，他們在其宗教生活中，還創造一些很有意義的、適合西方人的儀式和禮節。而且，有些住在城市的禪修團體成員，定期帶著麻袋打掃鄰近的社區，以此學習謙卑、放下執著。還有一些人出於同樣的原因，去為別人作家務，從事洗碗、倒垃圾等服務性的工作。他們的生活生動地反映了這一道理：「人之富有，不在他擁有什麼，而在他能放下身段做出什麼。」

但無論如何，如果西方禪和培養哺育它的亞洲偉大傳統切斷連繫，那將是個巨大的遺憾，因為這相當於丟棄了人類心靈經過千百年的體驗才得到的收穫。時刻要小心，不能把孩

子和洗澡水一起倒掉。茲事體大，因此本書作為關於越南禪佛教的第一部英文權威著作，更堪稱是使西方禪與亞洲禪相連結耀眼的一環。

　　雖然本書初版於1970年代，但其內容絕對不僅是反映當時的需要和問題。對佛教有興趣的人將會發現，這本書在今天依然耐讀。更何況，一行禪師在傳道、修行之路上，再度探索了二十多年之後，又根據其更加深厚的體驗，對本書進行了全面的修訂。就如本書初版時那樣，它透出了真正「禪」的「感覺」和味道。這是理所當然的，因為這是一本愛與智慧之作。

　　　　　　　　　　　　菲力浦・卡普樂(Philip Kapleau)
　　　　　　　　　　　　　　　好萊塢，佛羅里達

編按：本文作者卡普樂是美國的一位著名禪師，曾於1953至1966年間在日本學禪，後在紐約創設羅徹斯特禪中心(Rochester Zen Center)，他鼓勵學生保持美國式的穿著，也大量以英文翻譯取代日文的名相，對今日美國禪法的弘揚功不可沒。主要著作有《禪門三柱》(The Three Pillars of Zen)等英文禪學著作多種。

原註

❶ 與很多人的猜想不同，Thich（釋）並非越南語「長老」之意，不是類似英語中

Reverend（牧師）那種對於佛教僧人的尊稱。實際上，這是越南語「釋迦」（Thich-Ca）的簡寫，而「釋迦」則是「釋迦牟尼」的簡稱。在亞洲，大家都知道這是佛陀之名，比丘和比丘尼通常都會放棄原來的姓氏，而改稱姓「釋」。

譯註

① 語義學是語言學中的一門學科，它反映人類的思維過程和客觀實際的外在世界。共有四種語義學：語言學語義學、邏輯語義學、語義哲學、普通語義學。「普通語義學」1940年代興起於美國，強調語義學能幫助人克服語義障礙，治好因語義阻礙造成的情緒紊亂或生理失調。

② 柯日布斯基(Korzybski, 1879-1950)，原籍為波蘭的美國哲學家，「普通語義學」的創始人。他認為「人是時間的連接體」，人有語言能連接時間，並把經驗代代相傳，創造出全部人類文化成果。主要著作有《人類的成年時期：人類管理的科學和技術》、《科學和健全精神：非亞里士多德體系和普通語義學入門》。

③ 「若有人問汝義，問有將無對，問無將有對；問凡以聖對，問聖以凡對。二道相因，生中道義。如一問一對，餘問一依此作，即不失理也。」（《六祖壇經‧付囑品》）

④ 「僧問：『狗子還有佛性也無？』師曰：『無』。……又有僧問：『狗子還有佛性也無？』師曰：『有』。……」（《五燈會元》卷四）

⑤ 「師因東西兩堂各爭貓兒，師遇之，白眾曰：『道得即救取貓兒，道不得即斬卻也。』眾無對，師便斬之。趙州自外歸，師舉前示之，趙州乃脫履安頭上而出。師曰：『汝適來若在，即救得貓兒。』」（《景德傳燈錄》卷八）

⑥ （鄧州香嚴智閑禪師）一日謂眾曰：「如人在千尺懸崖，口銜樹枝，腳無所踏，手無所攀；忽有人問：『如何是西來意？』若開口答，即喪身失命；若不答，又違他所問；當恁麼時，作麼生？」時有招上座出曰：「上樹時即不問，未上樹時如何？」師笑而已。（《景德傳燈錄》卷十一）

⑦ 無門慧開禪師(1183-1260) 取古德公案四十八則，彙編成《無門關》一書，內容有〈趙州狗子〉、〈百丈野狐〉、〈庭前柏樹〉等。其中舉趙州禪師的「無」字為宗門第一關，稱之為「禪宗無門關」。「無」字是指超越對待、無分別心的「真實」。本書於德川家康朝盛行於日本，近代更由鈴木大拙、緒方宗博等人譯成英文，流通於西方國家，直至今日仍為禪門接引學僧參公案的好教材。

第一章

正念的修行

1 一本小書

我十六歲時進入順化皇城的慈暉(Tu Hiêu)禪寺。經過對修行生活的短期調適後,去見負責訓練我的師父,向他請教禪「道」。他送給我一本以漢字印刷的小書:《沙彌沙彌尼律儀錄要》(*The Little Manual of Practice*),叫我把內容默記在心。

想學禪就必須接受

謝過他以後,我就回到房間裡研讀。這本在禪門裡相當著名的小書的內容分為三部分:(一)〈毗尼日用切要〉;(二)〈沙彌律儀要略〉(初學者的基本修行);(三)〈溈山禪師警策文〉。書中沒有一點哲學,這三個部分所討論的都只是有關修行的實際問題。

第一部分教示我們如何平靜下來,並集中精神;第二部分討論的是寺院生活的一些基本規矩;第三部分是對習禪者的諄諄教導,鼓勵他們要牢記時間和生命的珍貴,不能任其白白浪費。我被告知,不僅初學者以此書為入門,即使是四、五十歲的僧人也照樣奉其為圭臬。

在進入寺院以前,我已接受了一些西式的教育。我那時已先有了一個印象,認為寺院中教授佛教的方法有點過時。首

先，我們被要求背下整本書，然後在沒有任何理論原則的解釋下，開始實際修習。我和另一個沙彌談了這些想法，他對我說：「這裡就是這樣。如果你想學禪，就必須接受。」於是我便接受，以傳統的方法開始自己的修行。

日常生活中的修行

《沙彌沙彌尼律儀錄要》的第一部分〈毗尼日用切要〉中有些詩偈，它們能為日常生活中的一舉一動帶來正念的力量。

例如，當洗手時，我就會想：「水從我的手中流過，我要善巧地使用它，以保護珍貴的地球。」[①]當坐在禪堂中，我就會想：「坐在這裡就如坐在菩提樹下一樣，我身即是正念，徹底地從散亂之中解脫出來。」[②]甚至在如廁時，也會對自己說：「穢與淨、增與減，這些都是只在我們頭腦中才存在的概念，互即互入(interbeing)的實相是無上的。」[③]

〈毗尼日用切要〉共有五十首詩偈，我們必須靈活地學習運用，以致在需要時也能隨意組合其他的偈子。書中的偈子只是一些範例，我們可以修改，甚至重寫，以便更加切合自己的需要和當下的狀況。

例如使用電話，《沙彌沙彌尼律儀錄要》中並無關於打電話的偈子，因為在成書的年代還沒有電話。於是我就新撰了一些偈子，例如：「言語可傳千里，讓我的言語創造出相互

的理解與愛，讓它們如美玉般瑰麗，如鮮花般可愛。」我曾寫過一本書，其中既有傳統的偈語，也有現代的偈語，總題為《當下一刻，美妙一刻：日常生活的正念偈》(*Present Moment Wonderful Moment: Mindfulness Verses for Daily Living*)，大家不妨在修行中試用一下。

在十六歲時，我以為《沙彌沙彌尼律儀錄要》只是為那些剛開始禪修的年輕人寫的，以為那只是一些準備。但如今，五十多年後，我明白了它所講的正是禪宗的本質。

譯註

① 《毗尼日用切要‧洗手》：「以水盥掌，當願眾生，得清淨手，受持佛法。」

② 《毗尼日用切要‧敷單坐禪》：「正身端坐，當願眾生，坐菩提座，心無所著。」

③ 《毗尼日用切要‧登廁》：「大小便時，當願眾生，棄貪瞋痴，蠲除罪法。」

2 必要的覺知

我記得佛陀與當時的哲學家曾有過這樣一段對話：

「我聽說佛教是覺悟之教。那麼你的方法是什麼呢？你每天如何修行？

「我們行走，我們進食，我們沐浴，我們坐下……

「這有什麼特殊呢？每個人都行走、進食、沐浴、坐下……

「先生，當我們走路時，覺知自己正在走路；當進食時，覺知自己正在進食……而其他人在走路、進食、沐浴、坐下時，往往都不能覺知自己正在做什麼。」

正念是修行的基礎

在佛教中，正念是關鍵，它是覺照一切事物和行動的能量，能產生正定的力量，帶來深刻的洞見和覺醒，它是佛教修行的基礎。

覺照一切事物？這正是出發點。如果生活中沒有正念——陷於失念之中，那就會像卡謬(Albert Camus)在其小說《異鄉人》(*The Stranger*)中所說的那樣，活得「像個死人。」古代的禪師們曾說過：「如果我們活在失念之中，就會死在夢中。」我們當中有多少人活得「像個死人」啊！

我們要做的第一件事就是回到生活中去，覺醒地正念於自己所做的每件事。我們是否覺知自己正在進食、飲水、坐禪呢？或是否活在失念之中而浪費時間呢？

看清每個念頭和情緒

產生正定的力量？正念有助於我們集中注意力，從而明白自己正在做什麼。通常我們都是社會的囚徒，我們的能量都到處發散掉了，身心並不和諧。開始覺知自己在做什麼、說什麼和想什麼，就是開始抵禦周圍環境和邪思惟所造成的侵害。一旦點燃覺知之燈，就能照亮整個存在，每個念頭和情感也都被照亮了。我們將能重新確立自信，不再為錯覺的陰影所吞噬，定力也會漸趨圓滿。

我們仍如從前般洗手、穿衣，做每日應做的事，但從現在開始，我們已開始覺知自己的行為、語言和思想。並非只有沙彌才需要正念的修行，這是每個人終生的修行，甚至佛陀也包括在內。正念與正定的力量，乃是人類歷史上一切偉大的男性或女性所依託的精神之力。

帶來深刻的洞見和覺醒？禪宗的目的是諦觀實相，看清事物的本來面目，這就要求要有正定的力量。諦觀就是覺悟，覺悟是了悟某件事情，它並不抽象。

3 正念

　　覺照一切事物，產生正定的力量，而後帶來深刻的洞見和覺醒——這個過程就是佛教中的「三學」：戒(sila)、定(samadhi，即「三摩地」)、慧（prajña，即「般若」）。

　　sila一詞也有正念之意，因為戒的本質就是正念。在佛教中，戒並非是某種外在權威所強加的，它是在修行正念的基礎上，因內在的慧而生起的，若只拘泥於形式而不理解其本質，便會墮入佛教所說的「法執」。

　　而我們能證得智慧，則是藉由在世間——身體、感受、心識、心內諸法之中，修習正念而來。這就是為什麼《沙彌沙彌尼律儀錄要》會有那些便於記誦的詩偈，以及為何這些詩偈被總題為「毗尼日用切要」的緣故。

　　當一位科學家在她的實驗室裡工作時，她不吸煙、不吃甜點，也不聽收音機。科學家不做這些事，並非因為它們是壞事，而是因為明白這些會妨礙她專心工作。禪也是如此，戒會幫助我們生活在正念之中。

　　依禪觀之，慧不僅是通過諸如研究、假設、分析、綜合等智力活動所獲得，習禪者必須把自己的整個存在，當作是證悟的工具；知識只是我們存在的一部分，且是經常把人帶離鮮活實相的那一部分，而實相恰恰是禪的實質。這就是《沙

彌沙彌尼律儀錄要》並不把佛教當作理論來表述的原因——它引導習禪者直接進入禪的日常修行。

在寺院裡，修行人做一切事都要保持正念：運水、看爐、備齋、種菜……雖然在打坐時學習禪定，但也要在運水、做飯和種菜時學習提起正念。我們要懂得運水並不僅僅是種實用的行為，它即是禪。如果我們在運水時未修行，就是浪費在寺院中隱修的時間。但如果對所做的每件事都能提起正念，那麼即使我們所做的事和別人一樣，也能直下進入禪的境界。

禪師會靜靜地觀察弟子，觀察他努力把修行落實到生活的每時每刻。弟子可能會覺得自己並未受到十分關注，然而他的所作所為卻逃脫不了禪師的審視。禪師能看出弟子是否有「覺醒」。例如，如果弟子粗心地大聲關門，這就表明他缺乏正念。小心地關好門本身並算不是德行，然而覺知正在關門卻是一種真正修行的體現。在這種情況下，禪師會簡單地提示弟子要小心關門，要保持正念。

但禪師之所以這麼做，並非要保持寺院的安靜，而是要向弟子指出他並未修行正念，他的行為不符合威儀細行。據說佛教中有九萬個「細行」要修習，這些行為舉止都是正念現前的體現。但凡我們在正念中的所說、所思、所為，皆飽有「禪味」。如果一個習禪者聽到自己被苛責言行缺乏「禪味」，那麼他就該意識到，別人正在提醒他要在正念中生活。

第二章 一杯茶

1 見性

在所有禪寺中都能找到菩提達摩的畫像。我所在的禪院中也有一幅，那是中國的水墨作品，栩栩如生地描繪了這位印度僧人剛峻恢宏的性格，他的眉、眼與下巴無不體現出堅定的意志。據說，菩提達摩生活在五世紀，在中國被視為禪宗初祖。有關他生活的諸多描述未必符合史實，然而，有關他的人格與心靈的記述卻代代相傳，已使他受到所有渴望禪悟者的景仰。

他的形象是個完全自主和徹底自由的形象，他那驚人的心靈力量，使他能以一種絕對的冷靜和清明，看待生活中的苦樂與一切變遷。然而，這種人格的本質，既非來自他在絕對實相問題上的立場，也非來自某種難以把握的意志，而是來自對自己的心靈，以及全部生命實相的深刻洞見。

以禪的慣用語來說，即是「見性」──徹見自己的本性。當人達到這種覺悟時，有關自我的種種邪見就會冰消瓦解。於是，一種能帶來深刻的和平、高度的寧靜與無畏精神力量的新見解，便誕生了。禪的目標就是見性。

2 菩提達摩的開示

見性不是研究辯析的結果。那是一種深刻的智慧,它源自在實相之心和圓滿正念中生活。

見性成佛

菩提達摩曾說,禪是:

不立文字,教外別傳,直指人心,見性成佛。

當菩提達摩於五世紀來到中國時,中國的佛教徒們正在研究那些剛翻譯過來不久的佛教經典。他們正忙於把佛學思想系統化,建構各個佛教宗派,相較之下就不太注重禪修。而菩提達摩的開示,卻如一聲驚雷喚醒了他們,並引導他們回到佛教修行與體驗的精神上來。

因為猶如一聲驚雷,所以菩提達摩的開示似乎有些極端。但如果我們考察禪與印度佛教之間的關係,就會發現這開示非常符合佛陀教示的精神。

以心傳心，直接傳遞

菩提達摩說：

禪由佛陀直接傳授，與你們所研究的經文和教條無關。

初看起來，禪似乎是種師徒相授的秘密教法，是只有門人才能領會的、不假借文字和論述而傳承的精神財產。既然禪不能通過符號來教授，那麼也就無「教授」禪法這一說了；禪只能在師生之間「以心傳心」直接傳遞。有個常被提到的意象說法——「印」，它當然不是木頭、銅或象牙製成的印，而是在心上印記——「心印」。

所謂的「傳承」，即指這種心印的傳承，禪本身就是心印。浩如煙海的佛經雖然屬於佛教，但與禪宗無關。經典中並無禪，因為禪宗「不立文字」，註釋家經常如此解釋菩提達摩的格言。

之所以會產生這種誤解，是因為註釋家忽略了禪宗與早期佛教的緊密關連。事實上，對佛教所有的教誨都不應拘泥於文字。菩提達摩的開示與佛教這一傳統一脈相承，只不過是以較為凌厲的方式，引導人們進入直接的精神體驗。

3 佛教的革命

　　佛教大約誕生於西元前六世紀末。Buddhism（佛教）的詞根是梵文中的Budh，而Budh這個動詞在《吠陀》經典①中，首先是指「知」(to know)，其次是「醒」(to wake up)。智慧的人、覺醒的人，就稱為「佛陀」(buddha)。中國人就把bouddha譯作「覺者」。因此，佛教是覺悟之教、智慧之教。

　　但從一開始佛陀就講得很清楚，這種覺悟、智慧，只能來自對「道」的實踐，而不能由查考、思辯獲得。在佛教中，解脫可經由智慧得來，但不能依靠恩寵或功德。

佛教反對婆羅門的絕對權威

　　在印度首先崛起的佛教，無疑是一種新的人性觀與生命觀。這種觀點，首先是對當時在社會中占支配地位的婆羅門教的修行和信仰的反動。當時的社會是何種社會呢？在知識方面，婆羅門傳統的權威——吠陀天啟、婆羅門至上和祭祀萬能，支配著一切，是任何人都無法置喙的三項基本原則。

　　在信仰方面，各家各派共同崇拜的是大梵(Brahma)、毗濕奴(Vishnu)和濕婆(Shiva)②。在哲學方面，一切哲學概念均以《吠陀》和《奧義書》中的思想為依據。數論派(Sankhya)、瑜

伽派(Yoga)和六大哲學學派③，都是在這一基礎上產生和發展起來的。而佛教則徹底地反對吠陀的絕對權威，也反對從中衍生出來的一切觀點。

在信仰方面，佛教摒棄了各種自然神論和各種形式的獻祭。在社會關係方面，佛教反對種姓制度，把「不可接觸的」賤民和國王等同看待。（例如，有次佛陀遇到一個運糞的賤民，他把這賤民帶到河邊幫其洗浴，且不顧旁人的強烈反對，接受他進入教團。）就知識而言，佛教堅決地拋棄了「我」(Atman)的觀念，而這恰恰是婆羅門教的核心。④

只要我們閱讀《長部》中的《梵網經》(*Brahmajalasutta*)，就能體會佛陀的思想在當時的思潮中，是多麼地卓而不群了。佛陀反對婆羅門思想首先應被視為一種反動、革新，而不僅僅是為了表述佛教的觀點。這並非說《吠陀》和《奧義書》中的全部思想，都是錯誤的或有悖真理的。但佛陀的反對猶如一聲驚雷，令那些把社會帶入死胡同的風俗習慣、行為模式和思維方式受到強烈震撼，從而有所改變。

「無我」並非是與「我」相對立

因為婆羅門教把「我」的觀念當作其方法論和本體論的基礎，所以佛陀就相應地提出了「無我」的學說。什麼是「無我」呢？「無我」的意思就是：你所說的「我」，無論是大我

或小我，都只不過是個概念而已，它與任何實相都不相應。

　　如果從本體論的角度思考，我們可能會以為佛陀將其「無我」教義，看作是與「我」相對立的一個真理，其實不然。如果我們從方法論的角度來思考，就會立刻發現「無我」的觀念，不過是為了把我們從教條的桎梏中解放出來的一劑解藥。在審查真理與謬誤的問題之前，有必要先考查一下態度與方法。如此我們就可以說，「無我」的觀念是出自於對婆羅門之「我」觀念的反動，而非是一個與時代思潮毫不相干的發現。正是這一素樸的反動，後來成為了一種嶄新智慧的發端。

譯註

① 「吠陀」（梵文Veda）是印度最古的宗教文獻和文學作品的總稱，意為「知識」，其主要內容約在西元前十幾世紀到西元前六世紀編訂成書。

② 婆羅門（即梵天，創造之神）、毗濕奴（保護之神）和濕婆（毀滅之神）是婆羅門教所崇拜的三個主神，分別代表宇宙的「創造」、「保全」和「毀滅」三個方面。

③ 數論派、瑜伽派主張二元論的本體論，闡述精神原理方面的「神我」，與物質原理方面的「自性」。六大哲學學派則主張多元論，將物理原理的地、水、火、風、空，以及精神原理的靈魂、意等，全數當作不變的實體，而提出七元素說、十二元素說、五實體說等；或不承認精神性實體的存在，而提倡唯物多元論；或懷疑本體的存在，而主張不可知論。

④ 婆羅門教認為宇宙人生不變的根本道理，有全體性的「梵」（Brahman)與個別性的「我」(Atman)，而主張「梵」與「我」是一體的「梵我一如」一元論。

4 無我

佛教常常用猛厲的方法來拔除習氣與偏見。佛教的這一特點，禪表現得最為淋漓盡致。佛陀起初以無我的觀念來顛覆和破除舊有的思想，繼而以之來闡述他的覺悟之教。因此可以說，整個佛教皆發韌於無我的觀念。

佛經中經常講到一切現象的本質都是無我的。「諸法無我」——任何事物中都無絕對的同一性。這意味著擯棄了同一性的原則，而同一性原則正是形式邏輯的基礎。根據這原則，A一定是A，B一定是B，A不可能是B，B也不可能是A。因此，佛教的思想令人震驚，它引導人們重新檢視自我。

想理解無我，要先懂無常

要想理解無我，必須要懂得佛教中無常的觀念。「諸行無常」——萬事萬物都始終處在遷流變化的狀態之中。沒有任何事物能在連續的兩個剎那（ksanas，可以想像的最短的時間）中保持不變。因為一切事物都在不停地轉變，即便在剎那之間，它們也不能保持其同一性。

既然不能確定事物的同一性，它們就是「無我」的——沒有絕對的同一性。既然並無確定的同一性，那麼A就不再是

前一剎那的A，所以說A並非A。無常是無我的另一種說法。在時間上，事物是無常的；在空間上，它們沒有確定的同一性。不僅物理現象是無常的，沒有一個單獨的「我」；我們的身體、心思和情感等心理現象也是如此。

有很多人認為無我和無常是悲觀主義思想的基礎，他們說：「如果沒有恆久不變的事物，如果事物沒有確定的同一性，那麼何苦去奮鬥、去追求呢？」這是對佛陀教誨的誤解。佛教的目的是通過智慧得到解脫，因此必須從智慧的角度去把握佛陀的教誨，不能囿於詞句而不加理解。無常和無我，就是成就深刻智慧的重要原則。

5 事物與概念

　　無我的原則，揭示了事物本身與其概念之間的深刻區別，事物是動態的、活躍的，而概念卻是靜態的。例如有張桌子，在我們印象中，桌子本身就是我們對桌子的概念。但事實上，我們所以為的桌子只是概念，完全不同於桌子本身。木質的、棕色的、堅固的、三尺高、舊的等觀念，合在一起形成了我們對桌子的概念，但桌子本身卻遠遠不只於此。

　　例如核子物理學家會告訴我們，桌子是由大量原子所組成，其中的電子就如一群蜜蜂般在飛舞，如果能把這些原子一個個緊密地排列起來，那麼它們合起來會比一根手指還要小。事實上，桌子總是在轉化變動中，無論在空間或時間上，它都是由一些「非桌子」的要素所構成，它完全依賴於這些要素，如果撤開它們，那麼就將一無所有。

　　森林、樹木、鋸子、錘子和木匠都是「非桌子」的要素，還有木匠的父母、他們吃的麵包、製造錘子的鐵匠等。如果我們懂得深入地去看一張桌子，就會發現其中包含著所有這些「非桌子」的要素。一張桌子的存在顯現了全部存在的「非桌子」要素，實際上，它也顯現了整個宇宙的存在。這一思想在佛教的華嚴思想體系中以「互即互入」(interbeing) 來表述。

6 諸法互即互入

「互即互入」就是佛教的「創世」思想。在佛教看來，事物的出生、成長和衰滅取決於無數原因和條件，而非由一個單一的原因所決定。一個事物（法）的在場，意味著萬事萬物的在場。

無論是男性或女性的覺者，在看待每件事物時，都不會把它當作一個孤零零的實體，而是將其視為實相的全面顯現。十二世紀的越南禪僧道行曾說：

> 一法存則萬法存，微塵亦存；一法空則萬法空，寰宇皆空。

無我的學說要說明的是諸法互即互入的本質，同時也表示我們對事物所具有的概念，既未反映實相，也不可能傳達實相。概念的世界並非實相的世界，概念知識並非研究真理的完美工具，語言也無法表達關於究竟實相的真理。

7 形而上學的虛幻

以上這些基本的論述就是禪宗的出發點。如果概念不能再現實相，那麼，有關實相的概念知識也就是錯謬的了。對此，佛教裡有很多論證。

沈默的佛陀

佛陀曾一再地告誡弟子們，別在形而上學的思辯上浪費時間和精力。當有人向他提出形而上學方面的問題時，他總是保持沈默；相反地，他指導弟子們努力修行。

一次，有人問及世界之無限性的問題，佛陀回答說：「無論這世界是否恆久，是否有無邊際，都和你的解脫無關。」

還有一次他說：「譬如有個人中了一支毒箭，醫師希望能立即取出毒箭。但他卻非要知道這支箭是誰射的，射箭者年紀多大，父母是誰，以及為何要射他等問題後，才肯取箭。我們不妨設想一下，結果將會如何？在弄清所有問題之前，他可能早已死亡。」

生命是如此短暫，絕不能在無休止的形而上學的思辯中耗費生命，因為它無法讓我們更加趨近真理。

直接體驗才能觸及實相

概念知識既然如此容易出錯，那麼我們到底應以何種工具來把握實相呢？在佛教看來，只有通過直接的體驗才能觸及實相。研究和思辯都建立在概念的基礎上，然而在概念化的過程中，我們把實相弄得支離破碎，而且它們看起來彼此毫不相干。

在佛教唯識學派中，這種構想事物的方式稱為「分別」(vikalpa)；而不經由概念，直接體驗真實的能力，則稱為「無分別智」(nirvikalpajñana)。這種智慧是禪定的果，它是關於實相直接而圓滿的知識，是一種不分別主體、客體的理解。它既不能依理智去揣測，也無法用語言來表達。

8 體驗本身

設想我請你來一道喝茶。你拿起杯子，先品嚐了一下，而後喝了一小口。你感到很舒暢，然後把茶杯放回桌上，我們開始交談。

現在，設想我請你描述一下這茶。你運用記憶、概念和辭彙來講述自己的感受。你可能會說：「這是非常好的茶，上好的鐵觀音，臺北產的，我能嚐出來，它很能提神。」你也可能有另外一些說法來表達感受，但這些都是你用來描述體驗茶的概念和詞語，它們並非體驗本身。

實際上，在對茶的直接體驗中，你不會分別自己是體驗的主體，而茶是體驗的客體，也不會思索這茶是最好的或最差的臺北鐵觀音，沒有任何概念或詞語能框定來自體驗的單純感受。

你儘可以多方面地描述茶，但只有自己才對它有直接的體驗。有人聽了你的話，根據她先前的體驗可能也會有所體會，但也就是如此而已。而當你在描述這體驗時，早已不在這體驗中了。在體驗中，你和茶是合而為一的，在主、客之間並無區別，亦無品評，更無分辨。這種純粹的感受，就是無分別智的一例，它能引導我們進入實相之心。

9 開悟之時

對真理的體會無關乎知識的積累，而是要喚醒實相之心。在我們開悟時的每一刻，實相都是圓滿且完整的。

一切不增不減

在開悟之光中，一切皆不增亦不減，我們不再會被基於概念的情緒所左右。菩提達摩之所以偉大，正是因為他砸碎了束縛我們於概念世界的幻覺鎖鏈，砸開它的鐵錘就是禪的修行。在開悟的一刻，我們或許會放聲大笑，但那並非中彩者或取勝者的笑，而是當人經過長久以來的苦苦追尋，卻突然發現所尋找的東西就在上衣口袋裡時，所綻放的笑。

迦葉的微笑

一次佛陀立於靈山會上，大家都在等他說法，他卻默然不語。良久，佛陀拈起一支鮮花，依舊不發一言。一時百萬人天，皆不解其意。忽有一僧以他明亮的眼睛望著佛陀，破顏微笑。佛陀便說：

吾有正法眼藏，涅槃妙心，實相無相，微妙法門，不立文
字，教外別傳，付囑摩訶迦葉。

摩訶迦葉就是那位微笑的僧人，也是佛陀最有成就的弟子
之一。佛陀舉花的那一刻，就是摩訶迦葉開悟之時。他確實
見到了花，以禪宗的術語來說，就是得到了佛陀的「心印」，
佛陀將其甚深智慧，以心傳心地交付給了摩訶迦葉。

佛陀以自己的心，印證摩訶迦葉的心。摩訶迦葉雖不是放
聲大笑，卻和那些偉大禪師們的朗朗歡笑，意義相同。摩訶
迦葉的開悟，得益於那支花和他對花的諦觀，而有些禪師則
因為一呵、一哭，甚至是一腳而豁然開悟。

第三章 一庭前柏樹子

1 禪的語言

禪的本質是開悟，這就是為何不能講禪，只能體驗它的原因。但開悟是如太陽般光芒四射的恢宏之象，開悟者總會表露出某些跡象。

首先是「自在」，他不會讓自己因生活的遷變而煩惱，或因恐懼、歡樂、焦慮和成敗而不安。其次，有一種精神力量，會使他在平靜中透出聖潔的微笑和深刻的安詳。開悟者那笑容、目光、言談舉止，就構成了與開悟有關的語言，禪師即以這種語言來指導修行者。禪師也會一如其他人使用名言概念，但他從不會被名言概念所限制，更不會為其所迷惑。

禪的語言總是著力要破除那種只知用概念思考的習氣，它伺機挑起機鋒，引發開悟的珍貴時刻。

讓我們來看看以下兩段對話：

（一）

趙州：「如何是道？」

南泉：「平常心是道。」

趙州：「應該證悟道嗎？」

南泉：「如果試圖去證悟道，那就背離了道。」

趙州：「不試圖證悟，如何知道那是不是道呢？」

南泉：「道和你是否知道無關。你的知，只是思辯的想
法；你的不知，不過是愚癡無記。如果你不再有疑慮，無
限的宇宙就會向你豁然敞開，那是不可分別的！」[1]

（二）

有一僧問趙州禪師：「菩提達摩祖師爲何要到中國來？」

趙州：「庭前柏樹子。」[2]

第一段對話揭示了概念化思維所造成的障礙，並引導提問
者成就無分別之道。第二段對話動搖了概念化的習氣，並製
造證悟所需要的震撼。如果學生的心正好當此機緣，立刻就
會開悟。開悟的禪師了解學生，並能接引他們進入開悟的境
界，禪的語言就是種種接引的方式之一。禪的語言應該：

一、具有使我們從對知識的偏見和執著中解脫的力量；

二、適合於聽這一席話的人；

三、善巧又有效。

譯註

[1] 南泉因趙州問：「如何是道？」泉云：「平常心是道。」州云：「還可趣向否？」
泉云：「擬向即乖。」州云：「不擬爭知是道。」泉云：「道不屬知，不屬不知。
知是妄覺，不知是無記。若眞達不擬之道，猶如太虛廓然洞豁，豈可強是非也？」
州於言下頓悟。（《無門關‧平常是道》）

[2] 趙州因僧問：「如何是祖師西來意？」州云：「庭前柏樹子。」（《無門關‧庭前柏
樹》）

2 指與月

由於實相只能去生活、去體驗，所以佛教從不描述實相。佛的教法，只用來為修行者指出實相的方向。

「方便」是指出開悟的方向

《圓覺經》說：「一切佛法都不過是標月指。」[①]為了看到月亮，我們以手指去指，但千萬別把手指當成月亮，手指並非月。所謂「方便」，就是那些為人們指出開悟方向而設的方法，但如果它們被當成對開悟的描述或開悟本身，就會成為桎梏。一旦我們以為手指就是月亮，便不會再順著手指所指的方向去看了。

「方便」可以是一句話，或一個簡單的動作。大師們都具有佛教所說的「方便智」——在不同場合、針對不同個性，創造和使用適當方法的能力。例如趙州和南泉之間的對話是一種方便，院子裡的柏樹和世尊手中的鮮花也是。

老師要能創造新方法

不過，如果一種方法只適合於特定環境的話，那麼還只能

算是善巧。要做到有效,就必須能滿足受指導者特定心性的真正需要。如果老師不能理解學生的心,就不可能創造出善巧或有效的方法。

沒有任何方法會適合所有的情境,老師必須依據對佛道的理解,以及對學生和環境的掌握,不斷地創造新方法。佛教中說,有八萬四千法門──八萬四千條通向實相之路。對於如何能既有效又巧妙地啟發弟子開悟,禪給予格外的重視。

譯註

① 「修多羅教,如標月指,若復見月,了知所標,畢竟非月。一切如來,種種言說,開示菩薩,亦復如是。」

3 逢佛殺佛

佛教中各種「方便」的一個奇妙之處，就在於它能把眾生從其知識與偏見的牢籠中解放出來。

從偏見的牢籠中解脫

人往往執著於知識、習氣和偏見，禪的語言必須有能力使我們擺脫它們的束縛。佛教認為，所知障是開悟的最大障礙，如果我們囿於既有的知識不能自拔，那麼就喪失了超越知識、成就開悟的可能性。

《百喻經》中曾舉這樣的故事：有個年紀不大的鰥夫，一天回到家後，發現房子失火，五歲的兒子也不見了。在火災後的殘垣斷壁旁，有具燒焦了的兒童屍體，他相信這就是不幸的兒子，不禁淚如泉湧。孩子的屍體火化後，他就把骨灰放在一只袋子裡，日夜帶在身旁。

但實際上，孩子並未在火中罹難，而是被匪徒劫去了。一天，這孩子逃回父親住處。那時正當半夜，父親正要入睡，身邊還帶著那袋骨灰。兒子敲門要進去，父親問：「你是誰？」「我是你兒子。」「你撒謊！我兒子三個月前就死了。」父親固執己見，就是不開門，最後兒子只好離去。於是，這

可憐的父親便永遠失去了兒子。

「殺掉」概念，實相才能彰顯

　　當我們相信某些想法是絕對真理，並執持不放時，就無法接受新的思想。即使真理主動來敲門，我們也不會讓它進來。

　　學禪的人，一定要努力從這種所知障中解放出來，思想要開放，才能讓真理進來，老師也要幫助學生勉力為之。臨濟禪師曾說：「逢佛殺佛，逢祖殺祖。」①對於一般虔誠的信仰者而言，這種說法會令他大惑不解。但這話的效用，實際上取決於聽聞者的心性和能力。如果學人有膽識，她就有能力藉此擺脫一切權威的束縛，體認究竟的實相。

　　真理並非概念，如果我們抱持概念不放，就失去了實相。所以必須「殺掉」概念，才能讓實相本身得到彰顯。殺佛是見佛的唯一辦法，我們有關佛陀的任何概念，都會妨礙自己親眼見佛。

譯註

① 臨濟宗義玄禪師：「道流！爾欲得如法見解，但莫受人惑，向裡向外，逢著便殺。逢佛殺佛，逢祖殺祖，逢羅漢殺羅漢，逢父母殺父母，逢親眷殺親眷，始得解脫，不與物拘，透脫自在。」（《臨濟語錄》）

4 洗缽盂去！

修行的目的就是要回到真正的家，徹見本性。要徹見本性，就要觀照自己生活中的一舉一動，每時每刻都保持正念。當在庭院中與柏樹擦身而過，我們就實實在在地看到了柏樹，如果連自家庭院中的柏樹都視而不見，我們又如何能看清自己真正的本性呢？

別在概念世界中徘徊

對於已開悟的禪師而言，那活生生的實相會盡入眼底。她不會迷失在概念的世界中，她已回到家園，看到庭前的柏樹，看到本性。從那一刻起，她就再也不會讓弟子在概念世界中徘徊，以及浪費生命和悟道之機了。

因此，每當有弟子問及有關佛教的一些原則，如「法輪」、「真如」之類的問題時，禪師都會心懷不忍。她會想：「這個年輕人，還想著要通過概念去探求實相。」她就會盡其所能，把學生從觀念的世界中解救出來，帶他到那活潑潑的實相中去。「庭前柏樹子！」「庭前柏樹子！」

過證悟的生活去！

一天有位僧人向趙州問禪，趙州反問道：「吃過早粥了嗎？」「吃過了。」於是趙州說：「洗缽盂去！」[①]

「洗缽盂去！」這相當於在說：「過證悟的生活去！」禪師並未給學生作出關於禪的任何解釋，卻為他打開一扇門，指引他進入實相的世界。

「洗缽盂去！」這句話並無玄虛之處需要挖掘、解釋，就是如此簡單、直接而又清楚的一句話。這句話並非謎語，也不是象徵，它指向的只是一個非常具體的事實。

譯註

① 趙州因僧問：「某甲乍入叢林，乞師指示。」州云：「喫粥了也未？」僧云：「喫粥了也。」州云：「洗缽盂去！」其僧有省。（《無門關・趙州洗缽》）

5 妙答

　　佛教的名相，例如真如（實相本身）、自性、法身（究竟實相之身）、涅槃（寂滅）等，都是一些概念，而與那活潑潑的實相無關。

　　禪宗並不很看重抽象與象徵的說法，重要的是實相本身、開悟、正念。如此我們才能明白，為何很多禪師都會避開真如、佛陀、法身之類的問題不談。例如很多學生都問過老師：「如何是佛？」以下是禪師們的回答：

　　「佛？他在禪堂裡供著呢！」①
　　「泥塑貼金的就是。」②
　　「別說廢話。」③
　　「禍從口出。」
　　「四面環山。」
　　「看那個袒胸赤腳的行人。」④

　　這些回答可能讓我們覺得莫名其妙，但生活在正念中的人，就會藉著這樣的回答開啟覺悟之門。當他還在抽象概念的世界中徬徨時，這樣的一句回答，會讓他當下直入實相的核心。

譯註

① 僧問:「如何是佛?」師（趙州從諗禪師）云:「殿裡底。」僧云:「殿裡者豈不
是泥龕塑像?」師云:「是。」(《景德傳燈錄》卷十)

② 同上註。

③ 睦州指往雪峰處去。（雲門）至彼出眾便問:「如何是佛?」峰云:「莫寐語。」
雲門便禮拜。」(《佛果圜悟禪師碧巖錄》卷一)

④ 問:「如何是佛?」師（海會演和尚云）:「露胸跣足。」(《古尊宿語錄》卷二
十)

6 公案的效用

公案是禪師的教示或禪師與弟子的對話，據說大約有一千七百個。有人把公案理解成一種參究的主題，不過公案並無確定的主題。

在漢語中，「公案」意指「衙門用以判斷是非的案牘」、「官府論定後正式的佈告」。有時人們也用kou tso或「話頭」來指代公案，前者是指「經典的模式」，後者是指「談話的精髓」。

在禪宗裡，公案經常被習禪者用作禪思的主題，直到心開悟為止。公案和數學問題迥然不同——數學問題的答案是從該問題本身推究而出的，但公案的答案則寓於習禪者本人的生活之中。

公案之中並無眞理

公案是證悟的有效工具，猶如種地的鋤頭。但從土地中能得到哪些收穫，取決於耕作者本人的勞動，並不能僅取決於鋤頭。公案並非待解的謎，所以，說它是禪思的主題並不十分確切。公案只是種方便，幫助習禪者達到目標。

公案在中國唐代十分流行，當時每個習禪者都要在公案上

下功夫。而在此之前，禪師們並未使用公案。因此我們可以推斷，公案並非是禪修所不可缺少的，它只是禪師們創造出來指導學生的善巧方便。如果習禪者以為真理就藏在公案之中，並企圖以概念術語來解釋它，那麼公案就會成為他開悟的障礙。

「隻手之聲」公案

日本臨濟宗白隱禪師曾問弟子：「單手擊掌是什麼聲音？」這就是個公案。[①]有人便會思索，想知道單手擊掌會發出什麼聲音，在這問題中是否藏著什麼深意呢？

如果「不是」，為何白隱要問這問題？如果「是」，那我們又該如何理解呢？一如列車總是要沿著鐵軌前行，我們的理智也企圖在探尋真理時，確立一些邏輯的原則以供運思。猛然間，軌道不見了，我們的習氣卻仍然試圖建立想像的軌道，以便讓理智的列車繼續前行。但可要當心！這樣下去會掉入深淵！

「單手擊掌是什麼聲音？」這問題就如一把大斧，砍斷列車的軌道──它打破我們概念化的習慣。如果時機成熟，我們的心已準備就緒，這一斧子便會讓我們從「行屍走肉般」生活了許多年的世界中解放出來，直入那活潑潑的實相核心。但如果還未準備好接受這一切，我們就只能繼續在這概念世

界中的旅程。

問題就擺在我們面前：「單手擊掌是什聲音？」我們儘可以搜腸刮肚，以一千種不同的方式來猜想這著名的「隻手之聲」，然後把找到的結果請禪師評判，期待他的認可。但無論如何，禪師都會說「否！」於是我們就被逼進了死胡同，當發覺心空無所依時，也正是心回到本源之時。在這一刻，「隻手之聲」就成了照亮我們整個生命的太陽。

放棄知識上的抱負，才有可能開悟

香嚴原是百丈禪師的弟子，他十分聰敏，但直到老師遷化後仍未開悟，於是求法於溈山禪師。溈山問他：「父母未生你時的本來面目是什麼？」香嚴茫然不知所措。回房後日夜苦思，翻遍所研究的經書，又查閱先前在百丈禪師座下學習時所做的筆記，但終究找不出答案。當他又見到溈山時，溈山說：「我不想知道你都掌握了哪些知識；我只想了解你心所見。說吧！」香嚴只好說：「師父！我不知道說什麼好，請您教我。」溈山說：「就算我把自己的見解告訴了你，那又有什麼用呢？」

香嚴感到極端沮喪，他以為師父不想幫他，於是燒掉自己全部的書，躲到一個偏僻的地方。他對自己說：「鑽研那些佛經又有什麼用呢？我只想做個平凡和尚罷了！」一天，香

嚴在挖土準備種豆子時，耙子翻起一塊石頭，恰好「啪」的一聲打到一旁的竹節上。這一聲讓他忽然開悟。②

　　潙山所說的「父母未生前的面目」一下子在他心中被照亮了。潙山堅決不讓香嚴進入知識的世界，而要他回歸真正的本性。但也只有當香嚴放棄在知識上的抱負時，才可能開悟。潙山禪師的公案很有效用，它迫使修行者重新踏上精神體驗之路，並製造一個危機，激發真正的開悟。

譯註

① 即「隻手之聲」公案。兩掌相拍，自然發聲，為耳朵所能聽聞；如果只舉一隻手，無聲無響，若非跳脫感官層次，以「心耳」來感悟，不可得聞其中意涵。白隱禪師以之引導習禪者遠離感官的見聞覺知，不以思量分別影響心靈純淨的感知，直入無分別的心境。

② （潙山靈佑禪師）一日謂之（香嚴）曰：「吾不問汝平生學解及經卷冊子上記得者，汝未出胞胎、未辨東西時，本分事試道一句來，吾要記汝。」師（香嚴）懵然無對，沈吟久之。進數語陳其所解，祐皆不許。師曰：「卻請和尚說。」祐曰：「吾說得是吾之見解，於汝眼目何有益乎？」師遂歸堂，遍檢所集諸方語句無一言可將酬對。乃自歎曰：「畫餅不可充飢。」於是盡焚之曰：「此生不學佛法也，且作箇長行粥飯僧，免役心神。」遂泣辭潙山而去。……一日因山中芟除草木，以瓦礫擊竹作聲，俄失笑間廓然惺悟。遽歸沐浴焚香遙禮潙山，贊云：「和尚大悲恩逾父母，當時若為我說卻，何有今日事也。」（《景德傳燈錄》卷十一）

7 公案的意義

　　以上講的是公案的效用，並非公案的意義。公案要產生效果，對於參究的人來說一定是有所指的。一旦禪師向弟子提出一個公案，那必然是有針對性的，且是一種善巧方便。

公案，只對特定的人有意義

　　公案並非為了讓習禪者的思慮離開軌道，而隨便找來的矛盾詞句。相反地，刻意解讀公案，會使習禪者陷於哲學反思的迷途。

　　一個公案只對特定的某個人或一群人有意義，如果它不只用在某個人身上，那只是因為這些人的智性與心理狀況相似。因此，一個公案只對那些和它有關的人才有意義。

　　不能把公案的意義化減為概念，公案的意義就是它在相關者的心靈上所產生的效果。如果公案並不適合聽聞者，那麼它就失去了意義，哪怕這公案是由某個大禪師所說。

　　某個和尚途經市場，聽到有屠戶對顧客說：「這塊肉最好」，心中大悟。肉販所言可不是為了接引這和尚，但機緣巧合，對於已準備成熟的心靈而言，肉販的一句話可謂是一語道破，於是產生奇效。只有猛然覺悟的人，才明白這公案的

意義和效果，肉販根本就不知發生了什麼事。

機緣相應，開悟之花綻放

作為師父，必須充分了解弟子的心性，才能提出契機的公案。每位禪師都不乏成功的經驗，但有時也會錯誤地提出並不契機的公案。

別人已用過的舊公案，我們再遇到時也可能會自悟，關鍵在於這公案是否適合我們的心。如果某個公案對我們無效，可能會有兩個原因，或許是它不適合我們，也或許我們還未做好接受它的準備。

但不論如何，一定要讓公案活起來，不可強作演繹推理，一味尋找其中的概念涵意。公案只對那些機緣相應者才有意義，如果我們是在此機緣之外，對我們就毫無意義。

如果我們有此機緣——發現自己和當初公案中的人情況相同時，它就會是我們的公案了。也只有到了此時，我們才會把自己的慧命深植於土壤之中，並以正念澆灌它。或許有一天，那開悟之花就會綻放。

8 趙州的「無」

有僧問趙州：「狗子有沒有佛性？」趙州說：「無」。後來，又有一僧來問趙州：「狗子有沒有佛性？」趙州回答說：「有」。

同一個問題，為何回答卻截然相反？就是因兩個提問者的心性不同。無論「有」或「無」，在此都是一種方便，目的都是為了能觸動習禪者的心。

兩個答案都不是為了斷定客觀事實，在概念的層面上，就客觀事實而言應說「有」，因為依據大乘佛教的觀點，一切眾生皆有佛性。但就究竟實相而言，「有」和「無」並非一對矛盾的概念，在此這兩者只是提點習禪者的不同方式而已。所以，只有相關的習禪者，才能主觀地體會到公案的「意義」。

「無」的面目

很多禪師都曾用趙州的「無」來指導學生。現在讓我們來看看十三世紀中國的無門慧開禪師，在他的《無門關》一書中是怎樣說的：

若要參禪，必須參透祖師關；若要開悟，直抵心路窮盡處。若不能參透祖師關，不能直抵心路窮盡之處，那你就只能是一個依草附木的精靈。如何是祖師關呢？就這麼一個「無」字，便是禪宗的一關。能透過這一關的人，不僅能親見趙州，且可與歷代祖師攜手共行。他能和祖師以同樣的眼睛去見，以同樣的耳朵去聽，這是何等暢快！你們當中有誰想要透過這一關嗎？如果有，那就請你用全身起個疑團，用盡三百六十骨節、八萬四千毛孔，日日夜夜去參這個「無」字，片刻也不要懈怠。不能把「無」理解成「虛無」，也不能當作是與「存有」相對的「無有」。要如吞下熱鐵丸般，想吐又吐不出來，用它把你從前積累下來的種種知識都一蕩而盡。你要讓自己慢慢純熟，有一天自然就能內外打成一片。就如啞人從夢中醒來，那夢境是無法對外人說的。……你的開悟會驚天動地，就如雙手握著關公的寶刀般，逢佛殺佛，逢祖殺祖。你將在那生與死的懸崖邊緣得到徹底的解脫，你將在六道、四生❶中遊戲，而又保持圓滿的正念。①

我們如何才能達到這種狀態呢？只有一個辦法，那就是用盡平生氣力舉個「無」字而無須臾中斷。自然就會開悟，就如燭芯遇到火般，就會立即點亮。

保持觀照，讓生命充滿生機

頌曰：

狗子佛性，全提正令，才涉有無，喪身失命。

無門的這首偈頌本身也已成為著名的公案。無門所說的
「用全身起個疑團，用盡三百六十骨節、八萬四千毛孔，日日
夜夜去參這個『無』字，片刻也不要懈怠」，究竟是什麼意思
呢？

非常簡單！無門禪師其實是在告訴我們，必須觀照自己的
生命，絕不能讓生命被蒙昧所吞噬，而在失念中沈淪，或活
著如行屍走肉。一定要讓生命時時刻刻充滿生機，我們的三
百六十個骨節、八萬四千個毛孔，在每個剎那都保持覺醒。

在這種明光照耀之下，我們就能看清問題的所在，「無」
的面目也會顯現出來。這並非智力遊戲，或要我們空口說白
話，這是我們以整個生命吞下去的熱鐵球，是攸關生死的問
題。

生命遠不只是個概念，無須迷失在概念中。「不能把『無』
理解成『虛無』，也不能當作是與『存有』相對的『無有』。」
因為「才涉有無，喪身失命」。如果我們脫離活潑潑的實相，
僅僅棲居在虛幻的概念世界中，就會喪失了生命，變成沒有

骨血的鬼魂。

原註

❶ 六道包括地獄道、餓鬼道、畜生道、修羅道、人間道和天道。四生即胎生、卵
生、濕生和化生。

譯註

① 「參禪須透祖師關，妙悟要窮心路絕。祖關不透，心路不絕，儘是依草附木精靈。
且道，如何是祖師關？只者一個『無』字，乃宗門一關也。遂目之曰『禪宗無門
關』。透得過者，非但親見趙州，便可與歷代祖師，把手共行，眉毛廝結，同一眼
見，同一耳聞，豈不慶快！莫有要透關底麼？將三百六十骨節、八萬四千毫竅，通
身起個疑團，參個『無』字，晝夜提撕。莫作『虛無』會，莫作『有無』會。如吞
了個熱鐵丸相似，吐又吐不出，蕩盡從前惡知惡覺，久久純熟，自然內外打成一
片，如啞子得夢，只許自知。驀然打發，驚天動地，如奪得關將軍大刀入手，逢佛
殺佛，逢祖殺祖，於生死岸頭，得大自在，向六道四生中遊戲三昧。且作麼生提
撕，盡平生氣力舉個『無』字。若不間斷，好似法燭，一點便著。頌曰：狗子佛
性，全提正令，才涉有無，喪身失命。」（《無門關》）

9 你看見柏樹了嗎？

黃檗禪師曾提及趙州的「無」字公案：

如果自認為算個英雄好漢，就該試試這個公案。……一天
十二個時辰，無論行、住、坐、臥，甚至穿衣、吃飯、喝
水、如廁，都和這個公案打成一片，你的心要把全部能量
集中在這個「無」字上。然後你的心花會綻放，有一天你
將發現，解脫之道就在眼前。此後，你就再也不會被老和
尚與這個公案騙住了。①

黃檗禪師和無門禪師真是英雄所見略同。當黃檗禪師說公
案的作者趙州老和尚在誆你時，實際上是為這公案作為方便
的特出功效，作了毫無保留的擔保。

自己的柏樹，自己的公案

讓我們再回頭來看看趙州禪師及其弟子的「庭前柏樹子」
公案。院子裡的柏樹只屬於兩個人：趙州和弟子。前者指著
院中的柏樹對後者說：「看見那院子裡的柏樹了嗎？」設想
趙州、弟子和柏樹構成一個圈子，我們在這圈子之外。趙州

指著柏樹給弟子看，而非指給我們，我們都只是旁觀者。那麼，我們並未真正了解在他們三者之間發生了什麼，只有當自己有了柏樹時，才會面對這問題。然而，什麼是「自己的柏樹」？只有當我們也進入這圈子，把這公案當作自己的公案，而不僅僅是在研究別人的公案時，在此的柏樹才可能是我們的柏樹！

只有自己的公案才成為公案，別人的公案都不是。所以說，趙州弟子的柏樹並非我的柏樹，我必須要讓柏樹成為我的，一旦它成為我的，就不再是別人的了。我的柏樹和他的柏樹無關，它們是不同的柏樹。

第一步要拋棄旁觀者的態度。承蒙趙州禪師指點，我們現在可用自己的雙眼看到柏樹了。趙州就坐在我們面前，院中的柏樹映入眼簾，我們就正對著趙州和柏樹。你看見柏樹了嗎？如果你看得了了分明，那麼這公案就大功告成了。無論是柏樹、檸檬樹或柳樹，那都不重要。那也可以是雲、水，或我扶著桌子的手。只要你看見了，這公案就成就了。

「觀察」柏樹，不如把它伐掉

有時禪師並不創造什麼新公案，而仍使用先前參過的公案。這並不意味著禪師允許弟子扮演旁觀者的角色，只用智力去考究別人的公案。事實上，禪師希望舊有的公案能復

新，弟子能把公案化為己用。

曾有一僧問調禦覺皇（十三世紀的越南禪師）[2]：「以前之前，是何意義？」調禦指著一副古畫回答：「日月運筆端」。此僧又問：「那老舊的公案又有什麼用呢？」調禦一笑：「每次重說，即已成新」。

如果有誰未看到柏樹，那是他還無法讓柏樹成為自己的新柏樹——那實相中活生生的柏樹，因為他只滿足於尋找別人的柏樹影像罷了！

趙州圓寂後，有一僧人去向其弟子求教：「老和尚對柏樹有過什麼解釋嗎？」一位已開悟的弟子回答道：「吾師從未講過柏樹。」在當時，「庭前柏樹子」的公案已聞名海內，舉國上下，爭相評議。這位趙州弟子為何要全盤否認事實呢？於是求教的僧人繼續追問：「每個人都知道大師曾有柏樹的公案，為何你要否認呢？」趙州弟子厲聲回道：「吾師從未講過柏樹，勿謗吾師！」[3]

可能你會奇怪趙州的弟子怎麼會這麼說。答案非常簡單：真正的柏樹不可能是「已被看過的」柏樹。訪學的僧人停在圈子之外「觀察」柏樹，但那棵柏樹已是「死去」的柏樹了。趙州的弟子知道，與其告訴他曾有一棵已死的柏樹，還不如把它「伐掉」為好。

趙州弟子的回答又成了一個新公案。如果我們能諦觀，就會看到有棵巨柏高高矗立，生機盎然，但你到底是否有看到

可跟趙州的柏樹無關的這棵新柏？

譯註

① 《黃檗斷際禪師宛陵錄》：「若是箇丈夫漢，看箇公案。僧問趙州：『狗子還有佛性也無？』州云：『無』。但去二六時中看箇『無』字，畫參夜參，行住坐臥，著衣吃飯處，屙屎放尿處，心心相顧，猛著精彩。守箇『無』字，日久月深，打成一片。忽然心花頓發，悟佛祖之機，不被天下老和尚舌頭瞞，便會開大口。」

② 調禦覺皇，即陳仁宗，越南竹林禪派（亦稱竹林安子禪派）的初祖。該派承襲無言通禪派法統，以唐代臨濟宗為主，採用臨濟宗的「四賓主」師徒問答方式傳道，宣揚佛法不離世間法。主張坐禪，認為心即是佛，佛在眾人心中。

③ 楊州城東光孝寺慧覺禪師，到法眼處。眼問：「近離何處？」覺曰：「趙州。」眼曰：「承聞趙州有柏樹子話是否？」覺曰：「無」。眼曰：「往來皆謂：『僧問如何是祖師西來意？州曰：庭前柏樹子。』上座何得道無？」覺曰：「先師實無此語，和尚莫謗先師好！」諸方名為「覺鐵嘴」。（《萬松老人評唱天童覺和尚頌古從容庵錄》卷三）

10 心要純熟

公案並非做研究的素材，要把每個公案都看作是指向你真實本性和世界之實相的手指。而只有當醒悟到手指直接指的就是自己時，公案才算是手指。

你必須警覺——覺醒和機敏，因為禪師就在你面前，正在用他那能明察秋毫的眼睛盯著你，說不定什麼時候就會抬手一棒或大喝一聲。只有在這種狀態中，你的心才能領教公案的震撼力。有個公案揭示「生死」問題的緊迫性。一天，香嚴對弟子們說：「有個人用咬著樹枝懸在空中，手腳都沒有攀踏其他樹枝。另一個人從樹下問：『菩提達摩為何從印度來到中國？』樹上的人如果開口回答，肯定會摔落下來。他應該怎麼辦呢？」有個弟子虎頭，上前對香嚴說：「求求師父，別再講這個懸在樹上的公案了，給我們講講那人下樹之後的事情吧！」①

香嚴把一個老公案改編成全新的公案，但虎頭那些弟子們並未被點醒。直到數百年後，才有習禪者得益於香嚴的公案而開悟。

德山去見龍潭，一直陪侍到子夜。龍潭對他說：「很晚了，為何你還不回去？」德山便推開門要離去，但馬上又轉身說：「外面很黑。」龍潭就點亮了一根蠟燭遞給他，德山

剛要接時，龍潭就把蠟燭吹滅了。外面頓時又陷入黑暗之中，德山當下大悟，於是向龍潭深施一禮。②

解釋無助於開悟

如前所述，香嚴曾以為溈山不想教他禪的秘密，便告辭到很偏僻的地方隱修。可是在習禪者當中，並非只有香嚴一人有過這樣的想法。有很多弟子會向老師提出一些他們認為十分重要的問題，但總是得不到回答。這些弟子會抱怨：「我都到這裡好幾年了，為何你仍把我當作初學者來對待呢？」

曾有僧問龍潭禪師：「何為真如？何為般若？」龍潭回答說：「我即乏真如，亦無般若」。③也曾有僧向趙州禪師問禪的真義，趙州反問道：「吃過早粥了嗎？」回答：「吃過了」，趙州便喝道：「去洗鉢！」。

還有個和尚去問馬祖「何為祖師西來意？」馬祖說：「今天我很累了，問德山去。」於是他就去問師兄德山，德山說：「為何不去問師父？」「我已問過師父，他說他累了，讓我來問你。」德山說：「我頭痛，問懷海去。」當他又向師兄百丈懷海提出這問題時，百丈回答：「我不知道。」④

拒絕回答問題，或說一些表面上和問題不相關的話，並不意味著禪師拒不幫助弟子，老師只是想把弟子從思辯的世界中拉出來。實際上，禪師完全能引經據典，詳細解釋真如、

涅槃和般若等概念。他之所以不如此做，是因知道這樣的解釋無助於學生開悟。

當然在某些情況下，老師的解釋也能去除學生關於佛法及其法門的謬見。不過，如果解釋可能會減損弟子開悟的機會，或不利於弟子，那麼禪師就一定不會如此做。溈山曾問百丈：「不用喉、唇、舌，是否還能說？」百丈回答道：「當然可以。但如果我這麼做，就遺害後人了。」⑤

關著心門，就錯失良機

龍潭崇信和老師天皇道悟相處多年，但仍未得到禪的秘密。一天，他覺得再也不能如此沈默下去了，於是問道：「師父！我到此多年，您卻什麼也未傳授給我，求您慈悲待我。」天皇說：「從你來到這寺院的那一天起，我就一直在傳你禪法心要。你送飯來，我便致謝；你行禮時，我便低首。你怎麼還說我未傳給你禪的心要呢？」⑥

越南禪師定空⑦也曾有弟子埋怨他未教授禪的秘密，他如此回答：「我們都住在這座寺院裡，當你點上爐火時，我在淘米；當你化緣乞食時，我為你托鉢。我從未忽視你啊！」

為了幫助習禪者到達開悟的彼岸，禪師會拿出善巧方便的拐杖，但弟子也必須能把握住它。如果總是閉著眼，關著心門，就會錯失良機。曾有僧人去見越南十世紀無言通禪派⑧

的感誠禪師⑨，向他問道：「何為佛？」感誠回答：「一切。」那僧又問：「何為佛心？」感誠回答：「無所隱藏。」那僧說：「我不明白。」感誠回道：「你錯過了！」

猶豫表示心尚未成熟

一旦有拐杖遞給我們時，若未把握，就會失落，並無其他可能，猶豫就表示我們還未成熟。但對於每次失敗，我們都不必遺憾，只有回到擔水、做飯、耕田的日常生活中去，增進正念，重新奮鬥。

十二世紀無言通禪派的禪僧——智寶⑩在尚未開悟時，有和尚問他：「生時你從何處來，死時你向何處去？」智寶正在思考，那和尚笑道：「待你思時，白雲已過千里。」

如果你尚未成熟，一切喚醒你的努力都只是徒勞。用你全部的平靜和安詳，以及全部的身心，去看自家院裡的柏樹，去堅持日常的正念修行。這是充滿喜樂的修行，別浪費時間或散漫。如此當一個真正的公案出現時，我們將有所準備。

譯註

① （香嚴）一日謂眾曰：「如人在千尺懸崖，口銜樹枝，腳無所蹋，手無所攀。忽有人問：『如何是西來意？』若開口答，即喪身失命；若不答，又違他所問。當恁麼時，作麼生？」時有招上座出曰：「上樹時即不問，未上樹時如何？」師笑而已。（《景德傳燈錄》卷十一）

② （德山）因造龍潭信禪師，問答皆一語而已，師即時辭去，龍潭留之。一夕於室外默坐，龍問：「何不歸來？」師對曰：「黑」。龍乃點燭與師，師擬接，龍便吹滅，師乃禮拜。龍曰：「見什麼？」曰：「從今向去，不疑天下老和尚舌頭也。」（《景德傳燈錄》卷十五）

③ 公（唐刺史李翱）嘗問龍潭信禪師曰：「如何是真如、般若？」龍潭曰：「我無真如、般若。」公曰：「幸遇和尚。」龍潭曰：「此猶是分外之言。」（《先覺宗乘》卷三）

④ 僧問馬祖：「請和尚離四句絕百非，直指某甲西來意。」祖云：「我今日無心情，汝去問取智藏。」其僧乃來問師。師云：「汝何不問和尚？」僧云：「和尚令某甲來問上坐。」師以手摩頭云：「今日頭疼，汝去問海師兄。」其僧又去問海。海云：「我到遮裏卻不會。」僧乃舉似馬祖。祖云：「藏頭白，海頭黑。」（《景德傳燈錄》卷十五）

⑤ 百丈因溈山、五峰、雲巖侍立次，乃問溈：「併卻咽喉、脣吻，作麼生道？」溈曰：「卻請和尚道。」丈曰：「不辭與汝道，恐已後喪我兒孫。」又問五峰，峰曰：「和尚也須併卻。」丈曰：「無人處，斫額望汝。」又問雲巖，巖曰：「和尚有也未？」丈曰：「喪我兒孫。」（《宗門拈古彙集》卷八）

⑥ （崇信）由是服勤（道悟）左右。一日問曰：「某自到來不蒙指示心要。」悟曰：「自汝到來，吾未嘗不指汝心要。」師曰：「何處指示？」悟曰：「汝擎茶來，吾為汝接；汝行食來，吾為汝受；汝和南時，吾便低首。何處不指示心要？」師低頭良久。悟曰：「見則直下便見，擬思即差。」師當下開解。（《景德傳燈錄》卷十四）

⑦ 定空禪師為越南滅喜禪派第八祖，建有瓊林寺，寂於唐憲宗元和三年(808)。

⑧ 無言通禪派為唐代廣州僧人無言通所創，又稱「觀壁派」。無言通從學百丈懷海禪師，820年至交州北甯建初寺，傳授禪學，創立該派，實行面壁禪觀。他承受中國南宗禪學惠能的法統，宣傳佛性無所不在和心、佛、眾生三無差別等觀點。此派歷經十五代，活動於820至1221年間，是越南佛教的主要宗派，竹林禪派直接承襲其法統。

⑨ 感誠(？-860)，無言通禪派的第一代弟子，無言通即是接受感誠之供養，並授禪法予感誠，而感誠便將建初寺經營成無言通禪派的重要基地。

⑩ 智寶為無言通禪派第十代的重要禪師。

第四章

一 見山是山，見水是水

1 心印

真正的心印是無時不傳的。如果弟子能諦觀禪師的走路、吃飯、說話以及日常生活中的舉止動靜，傳法就時時刻刻地在發生著。傳法儀式只是個形式，對於弟子而言，每時每刻真切的傳法都是可受用的。真正的禪恰恰不在書本之中，而在活生生的彼此關連的實相和日常生活之中。

心印，只是一種方便

禪師並非把自己的悟境傳給弟子，而只是幫助弟子證得業已現成的覺悟，所謂「傳心印」，其實只是個象徵。「心印」和真如同指佛性(Buddhata)，大乘佛教認為，一切眾生皆有佛性。因此，每個人的心印都是當下現成的，根本無須付傳。

毗尼多流支(Vinitaruci，意譯為「滅喜」)①是以他命名的越南滅喜禪派②的創立者，他曾對弟子法賢③說：

> 佛陀的心印就是實相本身，無所不盡其極，無所不在其中。心印既不可得到，也不會失去；既非永恆的，也不是無常的；既無法被創生，也不能被破壞；既不相似，也無差別。稱之為「心印」，只是一種方便。

從中我們可進一步了解佛教的方法論。名言概念的「涅槃」、「般若」和「真如」並非真實的涅槃、般若和真如。同樣地，禪所說的「心印」，也並非真實的開悟本身，它只是用作方便的一個概念，不應成為某種障礙。

我無可言，我無所言

針對把心印當作某樣可得到的事物的想法，越南無言通禪派的創始者——無言通禪師，在圓寂前曾示偈給弟子感誠：

於四基要處，
先日祖師居印度
傳其法眼，
實號爲「禪」：
一花五瓣，
種子永續，
密言、神符，
物類大千，
皆歸心宗性無染。
印度今何在？即在現前。
印度日月即今朝日月。
印度山水即今朝山水。

無端紛擾是執著，

既謗祖師且謗佛。

一錯引來千萬錯。

切問而近思，

勿誑爾法嗣。

莫問我未來，

我無可言，我無所言。④

　　無言通禪師賜下教誨，最後又說「我無所言」。佛教的「放
下」之心歷歷可鑒。有所言，但不令眾生執著於所言，這正
是禪師名為「無言通」的意義所在。禪師的意思是，在此並
無可講說的傳承，也無世代相傳的「印」。開悟只能靠自己，
不能靠別人，甚至不能靠老師。無言通摒棄了對傳法觀念的
認定，但又擔心弟子們轉而落入對傳法觀念的否定，所以聲
明：「……我無所言。」

　　得到心印就是明心見性，心印（或說真性）、真如和佛性，
同是大乘佛教的重要論題之一。禪師之所以避談這問題，是
因為他們想教導弟子們別在思辯上浪費時間。事實上，真
性、真如和佛性都與禪的思想與修行密切相關。然而，儘管
禪的目的就是證悟自己的真性，但真性的觀念卻可能成為習
禪者的障礙。

譯註

① 天竺毗尼多流支(？-594)，574年遊學長安，受禪宗三祖僧璨心印；然後南下廣
  州，居於制止寺，譯出《象頭精舍經》和《業報差別經》；580年抵達交土，駐
  錫北甯（在河山平省境內）法雲寺，創「滅喜禪派」。此派影響越南極大，直至
  李朝太宗李佛瑪還寫詩讚頌。

② 滅喜禪派傳授三祖僧璨的「心印」思想，宣揚「真如佛性天生不滅」和「眾生同
  一真如本性」等思想。這一派系存在於580至1216年，共傳十九代。各代名僧
  如法順、萬行、惠生、慶喜和圜通等均受到當朝國王的重視，封為法師、國師，
  被任命為僧統。

③ 法賢(560-626) 是滅喜派第一代弟子，曾四處傳法，發展極快，前後在峰山（山
  西）、愛州（清化）、長州（甯平）興建佛寺，其在慈山建造的眾善寺，有弟子三
  百餘人。

④ 此偈謹依英文擬譯。

2 真心與妄心

黃蘗禪師曾提到真性（即所謂「唯此一心」）：

諸佛與一切眾生都是同樣純一的心，除此之外，別無他法。此心從無始以來，就不曾生、不曾滅；它不青、不黃；無形、無相；既不能說是有，也不能說是無；更談不上新舊、長短、大小。它超越所有心智範疇，超越一切言辭、表記，超越任何比較和分別，此心當體即是，如果試圖去思維它，就會失去它。它猶如虛空，沒有邊際，也不可測度。唯此一心，即是佛。①

黃蘗講得十分清楚。我們要讓心顯現其本身，一旦以概念去推究，就會失去它。這意味著要認識這顆心，就必須在概念以外另謀出路。認識「唯此一心」──真心的唯一辦法，就是回歸自身，見到真實本性。

真心是生命光彩耀亮的本性，妄心是妄想分別的官能。當認識到自己的真心，那活潑潑的實相就會顯現無餘，禪悟的生活就在於此。由概念建構起來的世界，與活潑潑的實相不同，生死、好壞、有無的對立，只存在於尚未開悟者的生活中。開悟者的意識，不再被生活的滄桑沈浮所支配，因為她

已進入了實相的世界，不再分別生死、好壞、有無。

在《大乘起信論》中有這樣的話：

> 一切存在的諸法，從無始以來就不依概念和語言而存在，
> 概念和言語無法將它們從真實本性中轉換或分離出來。②

在這本大乘佛教的作品中，使用了「無念」這種說法。③
「無念」就是不再依據妄心的種種概念，也就是無分別智
(nirvikalpajñapa)。

譯註

① 見裴休《黃檗山斷際禪師傳心法要》：「與一切眾生，唯是一心，更無別法。此
心無始已來，不曾生、不曾滅；不青、不黃；無形、無相；不屬有、無；不計新、
舊；非長、非短；非大、非小。超過一切限量、名言、縱跡、對待，當體便是，動
念即乖。猶如虛空，無有邊際，不可測度。唯此一心，即是佛。」

② 依漢譯原典，似引自「是故諸法從本已來性離語言，一切文字不能顯說。」（此依
實叉難陀譯本，在真諦譯本中，對應句或為「是故一切法從本已來，離言說相、
離名字相、離心緣相。」）

③ 《大乘起信論》：「所謂推求五陰，色之與心，六塵境界，畢竟無念。以心無形
相，十方求之，終不可得。如人迷故，謂東為西，方實不轉。眾生亦爾，無明迷
故。謂心為念，心實不動。若能觀察知心無念，即得隨順入真如門故。」

3 本來的實相

真性或真心，並非通常所說的觀念論、本體論的實體，它就是「實相」本身。「心」有時也稱作「性」，真心和真性都是同一實相的假名。從知識的角度來說，就是「理解」或「心智」。但當我們討論本來的實相時，知識上的主、客之分就消解了，所以才說是「真性」、「真心」、「無分別智」和「明心見性」。

開悟只是發現真心

禪的思想是整個大乘佛教的精華。「如來禪」[①] 的觀念，就來自《楞伽經》；耀亮恢奇的禪的「真心」觀念 [②]，則來自《楞嚴經》。有關禪定的諸種功德，來自《大方廣佛華嚴經》，「互即互入」的觀念也來自華嚴思想。「空」的觀念，則來自般若思想。就如植物吸收空氣、水和陽光般，禪融匯了所有這些佛教思潮，渾然天成。

真心並非在開悟的時刻才誕生，因為它是不生不滅的，開悟只是發現了它，涅槃與佛性也是如此。《大般涅槃經》裡提到：

涅槃的本質和原因就是覺性──佛性，但佛性並不產生涅槃。這也就是爲何我們說涅槃是無因的或是不生的。……眾生的覺性也是如此，雖然眾生外表不同，他們本身也會發生轉變，但他們卻始終住於覺性之中。③

因而，習禪者無須期待某種外來的開悟──某種智慧的傳授或賜予。智不可得，心無可傳，《心經》就向我們指出「無所得」，因為沒有任何可得的事物。十二世紀的越南禪師廣福④曾對弟子們說：「別等別人傳授你開悟。」

實相與現象不可分

一切有生、有滅的和可得、可失的，都由因緣所成。一旦生成某一事物的必要因緣同時具備了，這事物便會產生；而當這些因緣無法繼續維持時，它就不存在了。而實相則是萬有的基礎，它不受生與滅、得與失的限制。廣福禪師說：「真性無性，無關生滅。」不過，如果以為存在著一個獨立於現象世界的世界，那就在有關「真心」的問題上，犯下一個非常嚴重的錯誤。

例如，如果說「存在著一個實相的世界」，這就已是在以對立的「有」、「無」範疇來劃分世界了。我們已說過，無論「有」或「無」都屬於概念世界，如果真心的世界超越概念的

世界，為何還要用概念來劃分世界呢？

所以，那不可能是真心的世界，那只是一個概念，它甚至比其他概念還要含糊和貧乏。語言無法描述真心，概念也不能表達真心。關於真心的說法，正如毗尼多流支所說的，那只是一種善巧方便，把這東西講出來很容易，但大多數人卻往往執著在所說的話上，所以最好什麼也不說——「無言通」。

對於現象世界，我們通常容易相信那是個幻覺，把它和實相區分開來。我們會以為，只有去除這些幻覺，才能達到真心的世界，這種想法也是錯誤的。這個有生、有死的世界，有檸檬樹、楓樹的世界，就是實相的世界，實相並不存在於檸檬樹和楓樹之外。大海時而風平浪靜，時而波濤洶湧，如果你想要一個風平浪靜的海，就無法捨棄波濤洶湧的海，你必須等待同一個海變得平靜下來。

實相的世界就是檸檬樹和楓樹的世界，是山河大地的世界。如果你看見了它，它的全部實相就會立刻現前；如果你未看見，它就是個神鬼、概念、生生死死的世界。

譯註

① 「如來禪」的本意是「如來所得之禪」或「如實入如來地之禪」，是證入如來之境、區別於外道和二乘菩薩所行的「最上乘禪」。《楞伽經》卷二云：「云何如來禪？謂入如來地，得自覺聖智相三種樂住，成辦眾生不思議事，是名如來禪。」（《大正藏》卷十六，492a）

4 燈與燈罩

曹洞宗①曾提出五個坐禪的原則：

一、只是坐禪，無須禪思的主題。②
二、坐禪與開悟不二。
三、勿期開悟。
四、無悟可得。
五、身心如一。

這些原則與臨濟宗以公案為主的方法並不矛盾。事實上，曹洞宗的原則，有助於臨濟宗的修行者消除對目的與手段的分別。

打坐就是成佛

很多習禪者都傾向於認為，打坐只是達到開悟的方法。但當我們從失念轉向正念時，這種狀態本身其實就已是真正的開悟了。所以，曹洞宗才會說「打坐就是成佛」，當我們真正坐下時，就已完全開悟了。

在慣常的失念狀態中，我們迷失自我，丟掉生命，坐禪修

行就是為了重新發現我們自身。想像你身心的各個部分四散在虛空中，坐禪就是要把它們全都找回來，使我們的存有重新得到完整的統一，重新煥發生機而成佛。

坐禪能帶來極大的喜悅。無論是蓮花座或半蓮花座，都能使呼吸更為順暢，定力更為深厚，也更容易回歸正念的狀態。不過，禪的修行並不僅限於坐的姿勢。我們在走路、吃飯、交談、工作，甚至在所有姿勢和活動中，都能修行。「什麼是佛？」「佛就是每日每時都生活在正念中的人。」

公案只是燈罩，禪才是燈

有僧問香林禪師：「何為祖師西來意？」香林回答說：「坐久成勞。」③對於同樣的問題，禪師們有各種不同的答案。圭峰禪師的回答是：「龜毛重七斤。」④洞山禪師的回答是：「如果洞水逆流，我就告訴你。」⑤這些回答，針對特定的心都會產生特定的效果。

不過，香林的回答可謂簡明扼要，且適用於所有人。如果坐在那裡一心想要找出公案的意義，那不是真正的坐禪，而是在浪費時間和生命。打坐不是為了思考公案，而是為了點亮內心的覺悟之燈。如果點亮了心燈，公案的意義就會十分自然地顯現出來。但如果尚未點亮心燈，我們就仍坐在生命的暗影之中，始終無法明心見性。所以禪師才告訴我們，坐

久了會損害健康！

公案不是個要鑽研的題目，坐禪更非研究工作。坐禪是一種生活，而公案則有助於我們測試、見證和在生活中保持警覺。或許可以說，公案只是燈罩，而禪才是燈本身。

譯註

① 曹洞宗為禪宗南宗五家之一，由良价禪師(807-869)住持宜豐洞山時所創立，其弟子本寂(840-901)到曹山弘揚師法，宗風大舉。由於良价住洞山，本寂居曹山，所以稱此新禪宗稱為「曹洞宗」。此派禪風以回互細密見稱，其宗旨認為萬物皆虛幻，萬法本源為佛性，這正是良价禪學思想的體現。

② 曹洞宗的宏智正覺禪師提倡「默照禪」。「默」指沉默專心坐禪，「照」是以慧鑑照心性，就是在沈默寂靜裡觀照自己。其後，日本曹洞宗的開山祖道元禪師所倡導的「只管打坐」，正導源於這種禪法。

③ 問：「如何是西來的的意？」師（香林禪師）曰：「坐久成勞。」曰：「便回轉時如何？」師曰：「墮落深坑。」（《五燈會元》卷十五）

④ 此處回答的禪師應為南嶽南台勤禪師。《五燈會元》卷十五：「僧問：『如何是祖師西來意？』師曰：『一寸龜毛重七斤。』」

⑤ （龍牙居遁禪師）問如何是祖師西來意。价曰：「待洞水逆流，即告汝道。」遁豁然大悟，研味其旨，悲欣交集。（《禪林僧寶傳》卷九）

5 直接的體驗

坐禪並非為了在概念與分別中思考、反省或迷失,也不是為了如石頭或樹幹般保持靜止不動,如何才不致落入概念化和枯坐怠惰的兩個極端呢?那就要在正念之燈的照耀下,當下安住於體驗之中。避免陷於極端的辦法,就在於直接的體驗和對該體驗的覺知。這些話聽起來有點複雜,但體驗本身卻是非常直截了當的。

享受飲茶並非概念

例如你喝茶,對茶就有直接的體驗。在充滿正念中,你將享受飲茶的快樂,這種體驗並非某種概念。只是在以後,當你回想起這一體驗,並與其他體驗作區別時,飲茶才成為一種概念。但這概念畢竟不是飲茶的體驗本身,所以嚴格地來說,不能說我們的體驗已成為概念了。

在體驗的那一刻,你與茶的味道合而為一,那是無分別的,茶就是你,你就是茶,並無喝茶的人,也無被享用的茶,因為在真正的體驗中,並無主體與客體的分別。當你想要分清主、客時,體驗便會消失,只剩下概念。

禪的世界就是無須概念純粹體驗的世界。把公案當成禪修

的主題，其實根本不是在修禪，所以曹洞宗才說「只是坐禪，無須禪修的主題」。

實相超越一切概念

因此，禪直接體驗的世界，是活潑的、覺知的世界，而非呆板、怠惰的世界。在概念的層面上，如果我們分別品茶的人與被品的茶，把它們作為品茶體驗（無主、客之分的純然體驗）的兩個基本要素的話，同樣地，也可分別習禪者以及他在生活中所體驗到的實相。而只有當習禪者和實相（即其個人生存的心理─生理之流）直接打成一片，這種精神性的體驗才會產生。

這種體驗就如品茶的體驗，就其本質而言是不可劃分的。但我們一定要記住，即便是「圓融、統一」這樣的想法，也不過是另一種概念而已。生活絕不是生活的表象，本來的實相超越一切描述與思想，禪的世界就是真如的世界。

6 不二法門

日本禪師道元曾說：「萬法唯心，心即一切，心有山河日月。」在禪的體驗中，知識的對象不再存在。龍樹[①]在《大智度論》中說：

一切諸法都可以用兩個範疇來理解：心與物。在概念的層面上，我們區分出心和物，但在覺悟的層面上，一切唯心。物與心都是不可思議的，心即是物，物即是心，心外無物，物外無心，心物是相即的，名為「心物不二。」

當我們區分主、客時，便脫離禪及其「不二」的原則。

分別心與物的狀態

請看【圖一】。我們用一個圓圈來代表全部實相，它又分為兩個部分：A代表「心」，B代表「物」。

看上去似乎可區分心與物、主與客。但事實上，這種區分只能是人為造作的，甚至是根本辦不到的。首先，心通常被看作是認識的主體，但它也可成為認識的客體。那麼，當心成為它認識的對象時，心究竟是被理解的心本身，或僅僅是

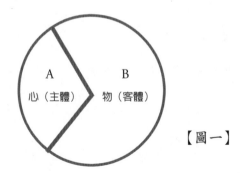

A
心（主體）

B
物（客體）

【圖一】

心的投射？換言之，心究竟是作為研究和分析對象的心理現象，或心的本身，或只是指我們用來代表心的那些意象與概念？心能深入它本身，或只在它周遭運思，能觀察到它的意象？還有一個問題：心能獨立於它的對象之外而存在嗎？或可如此問：認識的主體，是否能在認識的客體不存在的情況下，仍然存在？

在大乘佛教的唯識學派中，「識」一詞同時兼指認識的主體與客體。認識的主體與客體只能相互依存，如果B不存在，A就不能存在；反之亦然。

如上所述，把實相劃分成心與物、主與客，只是一種表面的和習慣上的作法，是一種善巧方便。當實相在正念的觀照下得以顯現時，心也會顯現為真心，物也會顯現為真物。所以《大智度論》中說：「心即是物，物即是心，心外無物，物外無心。」

昏睡的狀態

現在來看【圖二】：

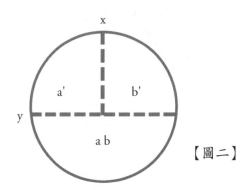

【圖二】

實相仍以圓圈(ab)來表示。實相就是法身、真如和涅槃（即圓滿、完全和無為），它超越一切思維範疇和概念。虛線(y)以上，以虛線(x)分為兩個部分：認識的主體(a')和認識的客體(b')。a' b'的知識就是概念知識，它的基礎是二元論，即把實相和存有劃分為心與物。這樣一種知識，就其本質而言就是分別妄想，它不可能把我們直接引向實相。

禪悟的狀態

讓我們再來看看【圖三】：

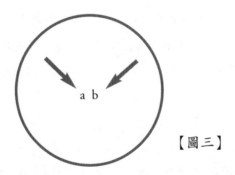

【圖三】

　　兩條虛線(x和y)被清除了。主體(a')和客體(b')又回到了它們本身,回到了圓滿、無分別和無妄想的實相,這就是禪悟的境界。

開悟者的狀態

　　下面來看【圖四】:

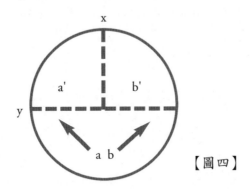

【圖四】

在這個圖中，我們看到虛線(x和y)又重新出現了。從無妄想分別的實相出發，(ab)又被表述為主體(a')和客體(b')。【圖四】和【圖二】相似，但卻多了兩個小箭頭，指明這是再度的開顯。

開悟者一如其他人在這物質的世界中生活，當見到一朵玫瑰，她就和其他人一樣，知道那是一朵玫瑰。然而，她卻不受概念的限制與束縛，概念反而成了由她所把握的奇妙的善巧方便。

開悟者看和聽，也分辨事物，但時時刻刻都能充分覺知當下存在(ab)，那即是萬物圓滿和無分別的本質，她諦觀那互即互入的本質。

譯註

① 龍樹，西元二至三世紀人，生於南印度的婆羅門家，為中觀派之祖，主張一切皆空。在其著作中，利用窮舉歸納的方式，證明實體論的謬誤。他的思想和論證方法，成為後來大乘佛教發展的重要基礎，在中國被尊為八宗共祖。

7 互即互入

事物「互即互入」的本質，直接對應於前述的無我觀念。洞見事物之互即互入的本質，就是要體察到它們相互依存的本質——並無一個不可分割的、獨立的自我。

讓我們來看看桌子，我們認為只有當種種條件會聚一處時，桌子才存在。在這些條件未具足之前，我們不認為桌子存在。在成為桌子之前，它存在於木頭、鋸子、釘子、錘子，以及其他許多直接或間接的相關因素之中。如果我們能透過這些相互依存的因素來看桌子的存在，就能在無限的空間和無盡的時間中來看它。

這種對實相的觀點，能使我們從對無有、無常和無我等概念的恐懼中解放出來。覺悟到這一點，我們就會變得自由、安詳和喜悅，而能做自己的主人。儘管【圖四】看似【圖二】，但【圖四】所表現的是開悟的狀態，而【圖二】則是昏睡的狀態。

有位禪師曾說：「以前未參禪時，見山是山，見水是水。參禪以後，見山不是山，見水不是水。而今我見山只是山，見水只是水。」①【圖二】、【圖三】和【圖四】，就是支持這項說法。

一旦開悟，即便仍生活在這因緣所生的世界上，我們也能

作自己的主人。對於物與心、諸法與眞性、認識與行動之間的關係，十一世紀越南無言通派的究旨禪師說：

一切旨在開悟的辦法皆源自你的眞性。萬物的眞性都在你的心中，心物如一，絕非兩樣事情。條件、勞役和錯誤事實上並不存在：眞與假、善與惡，都是虛妄的幻相，這些都是因果法則。只要你的行動仍然基於概念分別，你就不自由。自由的人看到一切，因爲他知道沒什麼可看，他感受一切，不受概念矇騙。當他看事物時，能洞察它們的眞實本性；當他感受事物時，能深知它們互即互入的本質。因而，雖然仍生活在這世界上，但他掌握著現象生起和顯現的秘密。這就是實現開悟的唯一途徑，他從概念所造成的謬誤中解脫出來，即使在「業」的世界中，他的生活也安詳和自在。他運用種種善巧方便，在這有爲的世界②中，實現開悟的聖業，而無須去顧慮世界到底是有爲的或無爲的。

譯註

① 此爲唐朝青原惟信禪師所說。《五燈會元》卷十七：「老僧三十年前未參禪時，見山是山，見水是水。及至後來，親見知識，有個入處，見山不是山，見水不是水。而今得個休歇處，依前見山只是山，見水只是水。」

② 有爲的世界即指因緣和合而成的世界，是世間共許的實相：無爲的世界是指非由因緣和合而成的世界——涅槃，它是脫離有爲法之苦，而達至最終解脫之法。

第五章

空性的足跡

1 禪宗的誕生

「禪宗」一詞首次出現，大約是在西元八世紀末時。在這以前，有過「楞伽宗」①、「東山法門」②、「達摩宗」、「荷澤宗」、「牛頭宗」等說法，這些指的都是各種以坐禪為修行核心和立教基礎的佛教傳統。

五世紀中葉，印度僧人求那跋陀羅(Gunabhadra, 394-468)來華把《楞伽經》(Lankavatara Sutra)譯成中文。其弟子和法友們常常聚會研究經文，從而形成一個學派──「楞伽宗」。通常，《楞伽經》也被視為禪宗的基本經典。③

七世紀，道信在湖南④東山創建專門修習禪定的寺院，他的法嗣弘忍繼承其事業，繼續在東山教授禪法，接引學人。弘忍的弟子中包括大名鼎鼎的神秀、慧能和法融。神秀後來在中國北方教禪，而慧能則在南方傳法，法融(594-647)則駐錫南京牛頭山幽棲寺。

從這時起，禪宗已開始和淨土宗（阿彌陀佛信仰）分道揚鑣。一般認定，法融是牛頭宗的創建者，儘管事實上，法融既非道信的直傳弟子，也不是這一宗的締造者。道信和弘忍的所創立的傳統被稱作「東山法門」，因為這兩位禪師先後都在東山傳授禪法。

神秀建立了北宗禪，對公案的使用即濫觴於北宗。慧能建

立了南宗禪，不過，其弟子神會(668-760)才是實際的南宗締造者。中國禪宗的歷史文獻，絕大多數都出自南宗，此宗發展出「頓悟」的觀念，而北宗則稟持「漸悟」的學說。

為了弘揚南宗，確立其地位，神會感到有必要編撰禪宗傳統的歷史。利用某些可掌握的材料，他追溯印度佛教從佛陀、摩訶迦葉直到菩提達摩這二十八代祖師的傳承，而菩提達摩就是中國禪宗的初祖。在菩提達摩之後，禪的心印又相繼傳給慧可、僧粲、道信、弘忍和慧能。根據神會的說法，慧能是禪宗的六祖，而神會本人亦被視為慧能的法嗣。

由南宗提供的禪宗歷史文獻，旨在鞏固其特殊地位，因此並不能顯示全部的事實，關於北宗的部分尤其不足。神會攻擊北宗，但北宗卻也曾風行一時，因為北宗所提倡的「漸悟」思想，曾獲得王公貴族們熱情的信賴和支持。當時，「禪宗」一詞尚未出現，習慣上的說法是「達摩宗」。

在牛頭宗的時代，玄素(668-752)堅持不懈地闡揚「不立文字」的教法。這一教法，與北宗所開創的使用公案的教法，對於禪宗後世各派的發展都具有重要的影響。

當北宗開始衰落時，南宗經歷了一段興盛發達的時期。在神會之後，石頭希遷(700-790)、馬祖道一(707-786)、徑山法欽(714-792)等大師輩出，著名的禪宗五家——臨濟、曹洞、雲門、溈仰、法眼，也一一確立。這些宗派後來傳到日本和越南，其中尤以臨濟宗和曹洞宗影響最大。

由於神會曾住在菏澤寺，所以北宗這一傳統在神會之後就稱為「荷澤宗」。直到百丈懷海(720-814)時，「禪宗」這名稱才出現。百丈禪師制定著名的禪院規矩──「百丈清規」。這一清規的確立，使禪宗最終從律宗寺院中分離出來。⑤

作為佛教的一種形式，禪宗盛行於受到中國文化影響的那些地區。中國禪宗之樹，分別被移植到日本、越南和韓國，在各地枝繁葉茂、開花結果。儘管這些國家的禪宗與中國的禪宗有些細微的差別，但我們仍能一眼看出它們的一致性。

譯註

① 《楞伽經》說明唯心、如來藏及阿賴耶識的教義，是屬於大乘三系中綜合「虛妄唯識系」及「真常唯心系」的重要經典。自達摩授予慧可四卷《楞伽經》後，慧可門下出現大批以《楞伽經》為修行法門的僧人，號稱「楞伽師」，他們既繼承達摩禪系，又發展成為「楞伽宗」。

② 「東山法門」一詞起於弘忍的時代，形成中國的禪學主流。如《楞伽師資記》說：「則天曰：若論修道，更不過東山法門。」弘忍的思想以悟徹心性之本源為宗旨，守心為參學之要。達摩一系的禪學，可說從弘忍門下始發展成為一大宗派。

③ 慧可以下數代禪宗祖師，一直都將《楞伽經》作為重要經典遞相傳承。直到五祖弘忍傳法六祖時，才改用《金剛經》傳授。

④ 應為在湖北（黃梅）創建東山寺。

⑤ 《百丈清規》是中國化的佛教僧制，它實質上是中國佛教僧團管理的創新。禪宗在六祖以前，徒眾並不多，由於六祖的大弘，百餘年間禪僧劇增。這些禪僧多半寄住在律宗的寺院，但因住在律寺內尊卑不分，對於說法、住持和集體修行生活都不合規則。於是，從馬祖道一起便另建禪寺，但未有叢林規章制度。百丈禪師根據中國國情和禪宗特點，折衷大小乘戒律，正式制定「百丈清規」，禪僧便有了嚴格的規矩和法度。

2 禪與西方

很多學者、僧人、藝術家、弘法者以及在家修行人,都曾力圖把禪移植到歐美。他們的努力成功了嗎?

從知識的角度來看,鈴木大拙[1]、艾德華・孔茲(Edward Conze)[2]、理查・羅賓遜(Richard Robinson)[3]和羅勃・瑟曼(Robert Thurman)[4]等學者們的卓越貢獻,已激起西方人對禪宗的濃厚興趣。禪也影響了保羅・田立克(Paul Tillich)[5]等神學家和弗洛姆(Erich Fromm)[6]、榮格(Carl Jung)[7]等哲學家的思想。

那麼,禪在西方是否已成為一種充滿活力的傳統了呢?眾多比丘、比丘尼和居士都在西方指導禪修,但在我看來,這些禪修基本上仍然是東方式的,和西方文化有所距離。

直到現在,禪還處於在西方土壤中尋找紮根之處的過程中。西方的文化、經濟和心理條件都與東方大不相同,僅僅模仿中國或日本禪者用餐、打坐和著衣的方式,不可能成為禪的修行者。

禪是生活,不是模仿,禪如果要真正紮根於西方,它必須採取與東方有所不同的西方形式。

譯註

① 鈴木大拙(1870-1966)，日本著名漢學家、佛學家和禪宗史專家。他撰寫多部有關佛教或禪學的書籍，深受西方知識分子推崇，是禪宗能弘揚到西方的重要人物。

② 艾德華‧孔茲(1904-1979)，英國研究大乘佛教的代表人物。他不但翻譯出西方擁有的梵文與西藏佛學文獻，而且也研究《大智度論》。

③ 理查‧羅賓遜為美國分析哲學健將，致力研究龍樹的中觀哲學。

④ 羅勃‧瑟曼(1941-)是第一位受戒成為喇嘛的西方人，後捨戒還俗，成為美國第一位教授西藏佛教的學者。

⑤ 保羅‧田立克(1886-1965)， 為近代神學家。田立克除了關注基督教與現代文化及思潮的對話，晚年更致力於與其他宗教、尤其是跟佛教進行對話。

⑥ 佛洛姆(1900-1980)，德國人，當代心理學權威，廿世紀傑出的精神分析學家。

⑦ 榮格(1875-1961) ，瑞士人，分析心理學的創始人，蘇黎世學派的領導者。是首先鑽研「集體潛意識」(Collective unconscious)的科學家，在發展現代精神分析學有卓越貢獻。

3 禪與中國

中國人與印度人的心性大不相同，正因如此，名為禪宗的佛教才誕生於中國。

中國化的佛教——禪宗

中國人是個非常務實的民族，儒教、道教和佛教都反映了這一個特點。菩提達摩來到中國後的開示，之所以能成為禪宗傳統的基礎，正是因為這一開示非常相應於中國人的務實性格。

諸如在《華嚴經》、《妙法蓮華經》、《維摩詰經》以及其他一些經典中，所展現的印度思想和形象，在中國就找不到對應之物。而印度佛教這種冥想玄思的傾向，或許也是它在八世紀初走向衰落的原因之一。

佛教的基礎是人的體驗，而非思辯；如果不回到實實在在的精神體驗這基礎上來，佛教就不可能存在。中國人為了學習和理解印度大乘佛教觀念和意象的奇妙世界，確實下了一番功夫。

事實上，中國人翻譯、評註了幾乎全部印度佛教典籍，並使之體系化。但中國人務實的性格，使他們特別注重作為佛

教之基礎的體驗，所以佛教才能在中國的土壤中，紮紮實實地樹立起來。雖然禪是中國化的佛教，但從其肇端到充分發展，都完全反映了印度佛教的精華與光彩。因此，可以說禪向我們展現的是佛教的真精神。

禪展現佛教的真精神

禪注重體驗和實踐的性質，及其對名言概念的態度，都是這種真精神的見證。在華嚴宗、真言宗和天臺宗裡，都是以譬喻來描述佛。而在禪宗裡，佛被表現為有血有肉的人。臨濟禪師曾說：

如果佛陀是永生不死的，那為何他會在拘尸那羅城的娑羅雙樹間死去？他現在在哪裡？佛陀其實和我們一樣，也要遵循生死的規律。你說佛有神通，但阿修羅和梵天也掌握這些神通，難道他們也是佛嗎？佛陀真正的神通在於，當他進入色界時，不被色相所迷惑；進入聲界時，不被音聲所迷惑；進入香界時，不被氣味所迷惑；進入味界時，不被味道所迷惑；進入觸界時，不被觸受所迷惑；進入法界時，不被念頭所迷惑。具有這樣六種神通——理解色、聲、香、味、觸、法等六個感官知覺領域都是空性的。因此，雖然佛陀在這世界中，其身體也由五蘊構成，但他卻

能憑藉這些神通行於大地之上。①

　　雖然禪在形式與修行上都與印度佛教迥異，但追根究柢，禪卻比其他佛教派別都更為切實。尤其禪特別強調要通過修行達到開悟，這恰恰是佛教的根本。

　　如我們所知，無我的原則只是開啟佛教之門的一種方便，而絕非什麼教條，它適用於眾生的有情世界和無生命的世界。無我意味著不存在某種恆常不變的同一性，它就是無常本身，萬事萬物始終都在變化之中。因此，沒有任何事物能確定它的同一性。諸法無我。

譯註

① 見三聖慧然《鎮州臨濟慧照禪師語錄》：「爾若道佛是究竟，緣什麼八十年後向拘屍羅城雙林樹間側臥而死去？佛今何在？明知與我生死不別。……爾道佛有六通，是不可思議，一切諸天、神仙、阿修羅、大力鬼亦有神通，應是佛否？……夫如佛六通者不然，入色界不被色惑，入聲界不被聲惑，入香界不被香惑，入味界不被味惑，入觸界不被觸惑，入法界不被法惑。所以達六種色、聲、香、味、觸、法，皆是空相。不能系縛此無依道人，雖是五蘊漏質，便是地行神通。」

4 空性的觀念

　　佛教中「空性」的觀念來自「無我」的觀念。我們總是要問：「什麼東西是空的？」在此，空性是指被稱作「我」的各別而獨立的實體是「空」的。然而，各別的自我的「空」，卻又意味著充滿了一切！

　　讓我們來看看《相應部》中的一段對話：

—— 世尊，為何說世界是空的？

—— 因為在世界上，各別的自我以及具有各別自我的事物都不存在。

—— 為何事物沒有各別的自我呢？

—— 眼睛、色相和視覺沒有一個各別的自我，也不屬於任何個別的自我。同樣地，耳、鼻、舌、身、識以及其對象與知覺，既無各別的自我，也不屬於任何各別的自我。

　　一切現象（無論是物理的、心理的或生理的）都沒有恆常不變的同一性。「空」並非什麼都不存在，而是指沒有恆常不變的同一性。龍樹在其所作的《大智度論》（二世紀）中說：「一切諸法，正是因為性空才得以存在。」這開示毫不

含糊。如果能以無常和無我來觀照事物，就不會以為事物是恆常的，不會以為事物有個絕對的「我」。

正因為絕對的「我」是空的，事物才能存在。如果事物並非無常的，一粒小麥如何能結出麥穗？你的小女兒如何能成長為亭亭玉立的少女？極權體制如何能終結？肯定有個絕對的同一性，就是否認事物的存在，而堅持無我的原則，便是對生命的肯定。唯當事物並無確定的同一性時，它們才是可能的。對此可以用下列的公式來表示：

無常 = 無我 = 事物存在。
恆常 = 確定的同一性 = 一切都不存在。

因此，在佛教看來，空性的觀念是對事物存在的肯定而非否定。一個事物恆常不滅的世界，既不現實也不值得追求。

5 早期佛教教派的觀念

由於這個緣故，早期的佛教教派（例如說一切有部[1]、經量部[2]和上座部[3]）便確立了哲學體系，旨在說明具有恆常的同一性事物並不存在，但存在著沒有絕對的同一性的事物（諸法）。

不過，為了避免「同一」和「存在」的混淆，這些學派指出，事物只在當下一刻存在。這些學派，尤其說一切有部，研究分析了物理、心理和生理現象，以及無法劃分到這三個範疇中的現象，由這些研究和分析中產生了卷帙浩繁的著述。對無我學說的誤解導致了對空無的擔心，從而引發了證明事物存在的緊迫感。

然而，聲稱事物只在當下一刻存在，卻會帶來一些問題。例如，如果不能確立當下一刻存在的事物與其過去和未來的連繫，那麼我們該如何解釋業、輪迴和開悟呢？

於是早期的佛教學派，便發展了其他一些思想來補充他們的學說。說一切有部就強調，從「理」的角度來說，事物存在於過去、現在和未來，但從「事」的角度——從現象上來看，事物只存在於當下一刻。「同一性不存在，但事物存在」的見解，並未因為加上了「事物真正的本質，連續地存在於過去、現在和未來」的說法，而無懈可擊。

上座部採用「得」的觀念，來說明事物之間的因果關係。
經量部則採用了種子和薰習④或習氣，以及種姓⑤等觀念。說
一切有部所講授的是一種「多元論者—現實主義者」(plural-
ist-realist)的學說——泛唯實論(pan-realism)⑥，把其全部時間，
都花在研究和分析關於諸法的觀念上了。

譯註

① 說一切有部的基本特徵是著重對佛教理論問題的闡述。在一世紀貴霜王朝時，曾
　舉行大規模結集，編纂《大毗婆沙論》、《發智論》和六足論等龐大的論書。主
　張「法有我無」(同一性不存在，但事物存在)、「三世實有」和「法體恆有」
　(事物真正的本質，連續地存在於三世)。後有世親著《俱舍論》，對中國、西藏
　佛教影響甚大。

② 經量部約成立於三世紀末，出於說一切有部，在三藏之中，唯以經為正量，故名
　「經量部」。主張「過去、未來無體，現有實有」，認為只有心與「四大」——
　地、水、火、風是實在的，心與「四大」因緣和合，而令眾生主體生死流轉，但
　此中並無保持同一的永續不斷的自我本體。

③ 上座部認為修行的最高境界是與佛果位相同的阿羅漢果，他們把一切存在分為色
　法(四大種和所造色)和心法(心和心所)，並作詳細的分析。

④ 經量部認為色法與心法互為種子，而具有薰他之性質，故主張「色心互薰」之
　說。「種子」一詞，後成為大乘唯識學重要術語之一。

⑤ 此處之「種姓」，指的是佛及聲聞、緣覺、菩薩等三乘人各具有可能證得菩提之
　本性，或先天具足，或後天修得。

⑥ 唯實論(或「實在論」)，是中古世紀經院哲學中的一派。唯實論者認為，一般概
　念並非只是人心智的構建，且是客觀現實的實在之物本身，獨立存在於經驗世界
　的具體表現形式之外，人可以透過感官與理性的思考來認識它。

6 大乘佛教的興起

　　相對於這些學究的、教條的傾向，興起了一些新的教派和學說。在西元前四世紀中葉，大眾部①重新就知識問題提出質疑，強調若要證悟，清淨的心性才是最重要的，且認為研究和分析諸法是徒勞無益的，他們鼓勵直接的精神體驗。

　　西元前三世紀興起的犢子部②指出：「我」是存在的，而上座部諸派關於無我的看法，則有悖於佛教的精神。雖然此派被很多人批評為異端，但它畢竟指出了傳統上學究的、教條的傾向所犯的種種錯誤。當時在印度約有二十五萬佛教僧人，其中將近四分之一屬於此派。③

　　西元前二世紀時，一部針對回歸佛教本來精神的作品——《般若波羅蜜多經》文本面世了，空性的學說開始盛行。在後來的幾個世紀中，般若部經典以及《妙法蓮華經》、《楞伽經》、《華嚴經》和《大般涅槃經》等其他大乘經典，紛紛問世。大眾部和犢子部的諸多探討，為大乘諸學派的出現奠定了基礎。

　　要想深入地把握禪的特點，我們必須研讀空宗和唯識學派的基本著述。後來以中觀學派著稱的空宗，就建立在般若經典的基礎之上；而唯識學派則立基於《解深密經》和《華嚴經》等經典。這些經典在禪宗傳統中都有所應用，在我看

來，禪宗以一種最圓融的方式，體現了所有這些大乘經典的
精華。

譯註

① 佛教教團最初分裂為上座部和大眾部兩大派，提出「心性本淨」說，認為「心性
　本淨，客塵隨煩惱之所雜染，說為不淨」。這為大乘佛教「一切眾生，悉有佛
　性」、「悉能成佛」的主張奠定了理論基礎。

② 犢子部(pudgala)出於說一切有部，其主張「補特伽羅」以為眾生輪迴所依的本
　體，「補特伽羅」即指「眾生」、「人」，也是生命主體「我」的別名。原始佛教
　不承認有「我」，及至部派時代，諸部逐漸承認補特伽羅之存在。其中，說一切
　有部認為它只是假名，而犢子部、正量部及經量部則認為它為實有。

③ 由犢子部分化出的正量部，後成為犢子部的代表，活躍在西印和西南印。據七世
　紀上半葉玄奘記述，除北印以外，正量部已遍及十九個國家，僧眾六萬人，中心
　在摩臘婆。

7 返本還源

般若思想的出發點就是空性的觀念。如我們所知,「空性」一詞本來是指並無一個恆常的自我。說一切有部聲稱從現象的角度來看,事物雖無恆常的同一性,但從本體的角度來看,事物的真性是存在著的。不難看出,這種說法只是把恆常的同一性,喬裝成了本體論的實體而已。般若思想認為:「事物並無自性;事物本體論的實體亦不存在。」這種解釋使我們回到佛教的本源。

無常、無我、互即互入和空性的觀念,並非在描述識知的對象,而是一種方便,旨在揭示識知的謬誤。所以,一定要把這些觀念當作方法,而非知識。《金剛經》指出,這是最為至關重要的問題。須菩提(Subhuti)向佛陀請教如何才能獲得正知,佛陀這樣說:

> 各位菩薩摩訶薩是這樣想的:「有多少種生命啊!無論它們是卵生、胎生、濕生或化生;無論有外形或無外形;無論有感知或無感知;即使不能說清它們是有感知或無感知,我也要引導這一切眾生進入那究竟的涅槃境界,讓它們得到解脫。而當這無量、無數、無邊的眾生都得到解脫以後,事實上,我們又不認為有什麼眾生得到解脫。」

為何如此說呢？須菩提！如果有哪位菩薩還抱著有「我」、有「人」、有「眾生」、有「壽者」的觀念，那麼他一定不是真正的菩薩。[1]

為何這些觀念是錯誤的根源而必須得改正呢？因為觀念不是事實。「引導一切眾生進入涅槃」是事實本身，但「引導」、「一切眾生」、「涅槃」和「度人」、「被度」等都只是概念。為何在概念和事實之間存在著天壤之別呢？因為就實相本身而言，它是不可分別的。但在關於「實相」觀念的世界中，卻充滿主／客、我／無我等分別。這些並非真正的實相，而是對實相的錯謬見解，在唯識學派中，稱它們為「分別」或「妄想」。

窗前的鮮花在其不可分別的實相中是真正的鮮花，一旦起了分別心，實相也就不再顯現了，取而代之的是錯謬的見解。「空」原來是指無恆常的同一性，現在它又有了另一層涵意——由概念所產生的見解，並不代表任何實相，那只是虛妄的幻想。

譯註

泝《金剛經》：「諸菩薩摩訶薩，應如是降伏其心。所有一切眾生之類，若卵生若胎生，若濕生，若化生；若有色，若無色；若有想，若無想，若非有想非無想，我皆令入無餘涅槃而滅度之。如是滅度無量、無數、無邊眾生，實無眾生得滅度者。何以故？須菩提！若菩薩有我相、人相、眾生相、壽者相，即非菩薩。」

8 非A之A才是A

在《金剛經》中，我們會發現有很多這樣的句式——「非A之A才是A。」例如：「如來說眾生實非眾生，是名眾生。」「須菩提！所言法相者即非法相，是名法相。」如此說的意思是，實相只有在不依賴概念去把握時，它才成其為實相，通過概念建構的並非實相。「不是花概念的花，才真的是花。」

在此，佛陀再次提醒我們要放下對恆常之「我」的執著，且避免由概念看待事物的傾向。修道者直接觸及實相，而別讓概念把自己與實相隔離開來。實相並非來自於構思，也無法以語言文字描述。實相就是實相，本來如是，這也是「真如」一詞的涵意。

般若經典開宗明義地說：沒有真性，沒有恆常的自我，所謂「空性」只是一種方便。如果我們把它當作實相，那就需要服解毒藥了。

《大寶積經》中說：

執著邪見就如一種疾病，所有邪見都能治癒，但執著空見卻是無法治癒的。寧可把「有」見積累如高山，也比執著於「空」見要強。①

所以，真正的空性和真如是相同的，都是非分別、非概念化的實相。很多人誤入歧途，把空性或真如看作是各種事物的本體論基礎。如我們已知的，這種本體論的實體觀念，只是喬裝改扮的絕對自我的觀念而已，它是般若波羅蜜多的敵人。我們只能說，空性或真如是非概念化的實相。一切關於空性的概念都是空性的敵人，一切關於真如的概念都是真如的敵人。要想徹達空性或真如的實相，就要有大智慧。讓我們來看一下《小品般若經》中的這段對話：

須菩提：「事物之真性不可言說，而真如顯現事物之真性，這真是奇妙不可思議啊！世尊，如果我說事物本身是任何語言都無法觸及的，您看我理解得對嗎？」
佛陀：「的確如此，事物就其本身而言，是不可以言說的。」
須菩提：「事物超越名言，那麼它們有沒有增減呢？」
佛陀：「沒有，它們不增不減。」
須菩提：「如果是這樣的話，六波羅蜜❶的修行也就不會有所增進了。那麼，菩薩又如何能實現圓滿的覺悟？如果我們的六波羅蜜也不能盡其周至，又如何能成就圓滿的覺悟呢？」
佛陀：「須菩提！六波羅蜜的自性是不增不減的。若菩薩修行布施波羅蜜，發揚布施波羅蜜，他在實踐善巧方便

時，從不會想：「這布施波羅蜜正在增長」或「正在減損」。相反地，他認爲「布施波羅蜜不過就是一個名詞而已。」當菩薩布施時，他把自己的心和布施的全部功德都作爲智慧的禮物，回向給一切眾生，這樣的奉獻才是徹底的布施。當菩薩修行持戒、忍辱、精進、禪定、智慧波羅蜜時，也是如此。」

須菩提：「那麼如何才是圓滿的覺悟呢？」

佛陀：「那就是眞如。眞如不增不減。如果菩薩能在眞如中保持一顆安詳的心，那麼就是盡乎圓滿的覺悟了；且一旦得悟，便絕無退轉。實相超越名言概念，不含納波羅蜜，亦不含納諸法，且不增不減。如果菩薩保有此心，他就盡乎圓滿的覺悟了。」②

原註

❶ 達成最終覺悟的「六波羅蜜」包括布施、持戒、忍辱、精進、禪定和智慧。

譯註

① 參見《大寶積經》普明菩薩會第四十三：「寧起我見積若須彌，非以空見起增上慢。所以者何？一切諸見以空得脫，若起空見則不可除。迦葉！譬如醫師授藥令病擾動，是藥在內而不出者。於意云何？如是病人寧得差不？不也，世尊！是藥不出其病轉增。如是，迦葉！一切諸見唯空能滅，若起空見則不可除。」

② 須菩提言：「希有世尊！諸法實相不可得說。而今說之。世尊！如我解佛所說義，一切法皆不可說。」
「如是如是！須菩提！一切法皆不可說。須菩提！一切法空相不可得說。」

「世尊！是不可說義無增無減。若爾者，檀波羅蜜亦應無增無減；尸羅波羅蜜、羼提波羅蜜、毗梨耶波羅蜜、禪波羅蜜亦應無增無減。若是諸波羅蜜無增無減，菩薩云何以是無增無減波羅蜜，得阿耨多羅三藐三菩提、近阿耨多羅三藐三菩提。世尊！若菩薩增減諸波羅蜜，則不能近阿耨多羅三藐三菩提。」

「如是如是！須菩提！不可說義無增無減，善知方便。菩薩行般若波羅蜜、修般若波羅蜜時，不作是念：『檀波羅蜜若增若減。』作是念：『是檀波羅蜜但有名字。』是菩薩布施時，是念、是心，及諸善根，皆如阿耨多羅三藐三菩提相回向。須菩提！善知方便。菩薩行般若波羅蜜、修般若波羅蜜時，不作是念：『尸羅波羅蜜若增若減，羼提波羅蜜、毗梨耶波羅蜜、禪波羅蜜若增若減。』須菩提！善知方便。菩薩行般若波羅蜜、修般若波羅蜜時，不作是念：『般若波羅蜜若增若減。』作是念：『般若波羅蜜但有名字。』修智慧時，是念、是心、是善根，如阿耨多羅三藐三菩提相回向。」

須菩提白佛言：「世尊！何等是阿耨多羅三藐三菩提？」

「須菩提！阿耨多羅三藐三菩提者，即是如如無增減。若菩薩常行，應如念，即近阿耨多羅三藐三菩提。如是，須菩提！不可說義雖無增減，而不退諸念，不退諸波羅蜜。菩薩以是行，則近阿耨多羅三藐三菩提，而亦不退菩薩之行。作是念者，得近阿耨多羅三藐三菩提。」（漢譯《小品般若經》〈深功德品〉第十七）

9 契入真如

說真如即是空性，則是為了防止大家通過名言概念理解空性。同樣地，《大般若經》進一步提出「不空」的概念，「不空」就是空性和真如的另一個名字。馬鳴在其所著的《大乘起信論》中，對「不空」有非常精彩的闡述。①

在重申一切諸法真如都無法以語言、概念來描述或表示後，馬鳴提出深入真如的方法——「隨順」。②馬鳴認為，這就是要讓我們摒棄二元論的傾向。當我們在講說事物時，不應分別誰是說的主體或被說的客體；當看事物時，也不應分別誰是看的主體或被看的客體。一旦能超越分別，我們就得以進入真如的世界了。在馬鳴看來，「隨順」就是要清除名言概念的羈絆，從而直達實相。

只要不囿于名言概念，我們仍可使用它。事實上，名言概念非常有用，甚至可說是不可或缺的。在名言概念的層面上，可區分出真如的兩種形式——「空」和「不空」。③因為「空」並非一個概念，所以稱為「如實空」；而「不空」也是如此，所以稱為「如實不空」。所有這些說法，都是為了對抗「空」的概念，因為它是「空」的首要敵人。

譯註

① 所言「不空」者，已顯法體空無妄故，即是真心；常恆不變，淨法滿足，則名「不空」。亦無有相可取，以離念境界，唯證相應故。（《大乘起信論》）

② 當知一切法不可說、不可念故，名爲「真如」。問曰：「若如是義者，諸眾生等，云何隨順，而能得入？」答曰：「若知一切法，雖說無有能說、可說，雖念亦無能念、可念，是名隨順。若離於念，名爲得入。」（《大乘起信論》）

③ 此真如者，依言說分別，有二種義。云何爲二？一者、如實空，以能究竟顯實故；二者、如實不空，以有自體具足無漏性功德故。（《大乘起信論》）

10 主與客

　　主、客的分別（即二元論的傾向）是識知與修行上種種錯誤的根源。般若思想對於識知和方法的態度，在《小品般若經》中講得十分透徹，這一段可謂是真正的禪的法要：

　　須菩提：爲何菩薩必須爲了洞見事物無自性而修行呢？

　　佛陀：一定要洞見形相是沒有眞性的形相，感覺是沒有眞性的感覺，其他感官及其對象也是如此。

　　須菩提：如果事物沒有眞性，菩薩如何能證得圓滿的智慧？

　　佛陀：證得圓滿的智慧的過程，其實是「無證」。

　　須菩提：爲何這種證悟反而是「無證」呢？

　　佛陀：因爲我們無法理解智慧，修習智慧的菩薩也是如此；同樣地，我們也無法理解證悟、證悟者、證悟的方法、證悟的手段等。因此，證得智慧就是一切思辯都無意義的「無證」。

　　須菩提：若是如此，初學者又該如何證得智慧呢？

　　佛陀：從開始覺知的那一刻，菩薩就要觀照諸法的不可入性或不可得性。在修行六波羅蜜時，菩薩應當告誡自己其實是無有所得的。

須菩提：什麼是「得」，什麼是「無得」？

佛陀：如果還存在著主體與客體，就有「得」。如果客體與主體不存在了，就是「無得」。

須菩提：那麼是主體、客體，什麼是無主體、客體呢？

佛陀：如果眼睛和形相、耳朵與聲音、鼻子與氣味、舌頭與味道、身體與觸受、意識與思想的分別還存在，如果證悟者與被證悟者的分別還存在，那麼主體與客體就還存在。如果無眼睛和形相、耳朵與聲音、鼻子與氣味、舌頭與味道、身體與觸受、意識與思想的分別，如果無證悟者與被證悟者的分別，那麼主體與客體也就不再存在了。

11 三解脫門

如我們所知，曹洞宗十分強調「無得」的重要性。這一立場反映了般若思想的精神。「無禪思主題」和「修證一如」的原則，顯然是對「無得」原則的發展。還應該認識到，無得之義源於早期佛教的「無願」(apranihita)觀念。《長部》、《普曜經》、《俱舍論》、《毗婆沙論》和《清淨道論》等經典在論及「三解脫門」時，都提到這一點。

通向解脫的這三道門分別是「空門」、「無相門」和「無願門」。「空」是指一切事物都無恆常的同一性；「無相」是指事物的本性是不可概念化的；「無願」是指無所求、無所證、無所得的體會和態度。

例如，別把開悟當成認知的對象，而汲汲以求。梵文apranihita（無願）的本意就是「不放任何東西在自己面前」，《毗婆沙論》、《俱舍論》和《清淨道論》傾向於把無願解釋為「無欲」，因為既然事物是無常的，那就無須為此奔勞。同樣地，這些經典也把「無相」解釋為感官所引發的種種，都虛妄不實。

因此，早期的佛教經典多是從道德的角度，而非從認識論的角度來詮釋三解脫門。而在大乘佛教中，尤其是禪宗思想中，卻可發現這三道門相互有著密切的關係。任何事物都無

絕對的同一性（空），這一點要通過遠離概念（無相）的了解來展現；而在這樣的了解中，並無探求客體的主體（無願）。在實相的真知之中，主與客、得與失的分別都不再存在了。

但如果無願意味著中止對恆常之物的欲求，那也就是說還存在著對解脫和開悟的欲求，這與般若波羅蜜多和禪的無願思想完全背道而馳。謝和耐(Jacques Gernet)^①在《荷澤神會禪師語錄》法譯本（1949年於河內出版）的〈導言〉中說，禪的「頓悟」觀念是中國禪宗的特殊產物，但我認為這種說法並不準確。般若思想中的「無得」觀念，就是「頓悟」學說的基礎。我們前面引過的般若經文，已清楚地表明這一點。

譯註

① 謝和耐(1921-)，法國現當代著名漢學家、歷史學家、社會學家。

12 龍樹的「八不」思想

在西元二世紀，龍樹把般若思想系統化了。他整理、撰寫了《大智度論》、《中論》和《十二門論》。他的弟子提婆(Arya Deva)[1]繼承其思想，編著《百論》。龍樹的這三部著作，後來成為印度大乘空宗(Madhyamika，即中觀學派)和中國三論宗的基本經典。月稱(Candrakirti)[2]是此後中觀學派的巨匠，而吉藏[3]則是三論宗的大師。

中觀學派論證概念的荒謬無用，如同般若經典，力圖表明空性的實相不虛。中觀學派的方法絕非語言哲學、文字遊戲，也不是智力訓練。它的目標是要把一切概念歸為荒謬，以期開啟無分別智之門。中觀學派無意樹立某種實相觀，來反對其他看待實相的觀點。

根據中觀學派，一切觀點都是錯誤的，因為觀點並非實相。因此，它所提出的是一種方法，而不是一種學說。所以說中觀學派是般若思想的法嗣。

在《中論》中，龍樹提出以下「八不」：

不生亦不滅，不常亦不斷，不一亦不異，不來亦不出。

這是對於習慣上藉以構想實相的八個基本概念的否定。其

他從這八個概念中推衍出來概念，例如因果、時空、主客等，經過龍樹的分析，最終也都被當作是「分別智」的簡單產物而摒棄。

例如，當人們在講「生」時，也就會講到被生的對象，然而如果真要找尋這樣的對象，卻是找不到的。沒有被生的對象，「生」就不可能存在。龍樹認為，事物也不會自生，因為沒有這樣的「生」。為了說明這一點，他提出了以下問題：假設 E 是 C 作用的結果，那麼在結果 E 被原因 C 產生之前，E 是否已存在於 C 中？

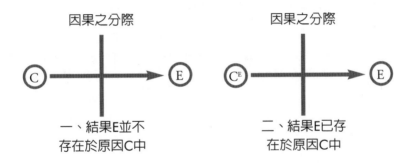

一種情況是，我們回答結果 E 並不存在於原因 C 中（見左圖），龍樹說如果是這樣，就不可能有「生」。如果原因 C 和結果 E 無關，如果 C 中不存在 E，那麼 E 就不會從 C 中產生。雞不是從桌子中出生，而是從雞蛋中出生。

另一種情況是，我們回答結果 E 已存在於原因 C 中了（見

右圖），龍樹告訴我們，如果 E 已存在，那就無須由 C 所生。蛋與雞的關係並非因果關係，這是一種「變」，而非「生」。由此可知，「生」的概念是荒謬的。通過龍樹的分析，我們不難看出，自己原來所認為的生滅之物，其性質是無常、無我和空的。

譯註

① 提婆為斯里蘭卡人，約生存於西元三世紀。以智辨著稱，常與外道辯論，後遭外道暗殺而死。著有《百論》、《四百論》、《百字論》，都是中觀派的重要作品。

② 月稱 (Candrakirti, 600-650)，印度中觀應成派大師。他對論敵的觀點採用歸謬論證法，嚴格地只破不立，因此被稱為「應成派」，著有《入中論》、《明句論》等。月稱的學說通過阿底峽完整地傳入西藏，經宗喀巴等人的提倡，在西藏十分流行。

③ 吉藏(549-623)，三論宗的集大成者。一生歷經陳、隋、唐三朝，因精深佛學且有創見，而受到當時王室的尊崇。其一生學說最初宗承本師法朗，深究三論和《涅槃》；繼而攝取天臺宗的《法華玄義》；最後傾其全力於三論的闡揚，著作《三論玄義》，樹立自己的宗要。

13 中道

以同樣的方式，龍樹消解所有概念，而且時刻避免以一種概念代替另一種概念。例如，在對「生」這一概念的分析中，會出現「變」和「不生」這樣的概念，對於這些概念，都要依龍樹的辯證法來看待。

這辯證法就是要反對從對既有概念的否定，落入與之截然相對的另一極端，故而稱之為「中道」。「中」的意思，不是要調和有無、生滅等彼此相對的概念，而是說要超越一切概念。

這種辯證法也被闡述為「二諦」的原則，即有兩種真理：真諦——絕對真理，以及俗諦——相對真理。覺者所呈現的單純辯證，即是絕對真理，而一旦以概念來掌握，它就變成了相對真理。要把相對真理還原為絕對真理，必須邁出嶄新的一步。如果真理被概念化，就要採取步驟使之回到其純粹和原初的形式中。

概念描述（俗諦）	非概念的辯證描述（真諦）
有	非有
有和無	非有非無
有和無——非有非無	非無非非無
非無非非無	非「非無」非「非非無」，等等

根據「三解脫門」的原則，否定的作用只是為了讓修行者破除概念，擺脫種種分別，契入無分別的實相。這個辯證法的目的是為修行者提供轉變之機，而不是為了闡述真理。禪的語言和態度之間的這種關係，清楚地體現了般若思想和中觀思想。

　　禪師們並不像龍樹這般應用辯證法，但他們的言語、動作和目光也同樣能掃除概念、產生震撼，為實相觀豁然而創造出條件。如果我們在寺院裡終日研習般若和中觀的經典，可能修禪的時間就會不足夠。這些經典都在那裡，隨時都可以翻閱。

14 唯識學派

唯識學派的形成，在很大程度上得益於說一切有部的研究，可說是對說一切有部的繼承與發展。對於般若思想所關心真如的問題，唯識學派從現象的角度加以討論。唯識學派最基本的經典，是二世紀中葉出現的《解深密經》和三世紀初面世的《楞伽經》。

鈴木大拙認為，《楞伽經》並非真正的唯識經典，而是禪的經典。其論據是：首先，《楞伽經》是禪宗初祖菩提達摩傳給弟子慧可唯一的一部經典；其次，這部經所強調的是佛陀的內在精神體驗，以及開悟的重要性。

但實際上，幾乎所有佛經所講的都是精神體驗和開悟。不能說般若經典不是禪的「基本」經典；相反地，《金剛經》和《心經》這兩部般若經典，倒是在習禪者中流傳最廣。菩提達摩把《楞伽經》傳給慧可的事實只能說明一點：《楞伽經》是菩提達摩最喜愛的一部經典。

正如鈴木大拙所說，《楞伽經》可被視為禪宗的一部基本經典，但同時它也是唯識學派的基本經典。這說明唯識學派一如般若思想，和禪密切相關。

15 諸法的分類

唯識學派把諸法（即事物）分為五大類（五位）：

一、心法：即心的現象，共有八種。

二、心所法：即心各種狀態之現象，有五十一種。

三、色法：即物理和生理現象，有十一種。

四、不相應行法：即相對的現象，有二十四種。[①]

五、無為法：即不受因緣條件所支配的現象，有六種。

以上總計有一百種法。最後一類無為法，又可分為：（一）虛空無為，即不依任何因緣條件生滅的空間；（二）擇滅無為，即因覺悟而得的無為；[②]（三）非擇滅無為，即與覺悟無關的無為的性質；[③]（四）不動滅無為，即不為苦樂所動的無為；[④]（五）想受滅無為，即一切思想與感受俱滅的無為；[⑤]（六）真如無為[⑥]。

應該注意的是，真如在此也被視為一種法。既然說「一切可概念化的」才是「法」，那麼為何超越一切概念的真如也被視作一種法呢？唯識學派的答覆是的：「真如以及其他一切諸法都不能概念化。只是因習慣和方便起見，才使用這樣的表象。」

有關這些象徵，世親⑦在其《唯識三十頌》中開門見山地
說：

只因為假設存在著恆常同一性，且諸法也具有這種恆常的
同一性，才會有如此之多的表相展現出來，所有這些表相
皆來自「識」。⑧

譯註

① 不相應行法：是指非物質、非精神，與心法、心所法、色法皆不相應的有為法。
　例如命根、無想定、生、住、老、無常等。

②「擇」是揀擇，指智慧；「滅」是諸相寂滅之理，指涅槃。「擇滅」即指以智慧
　證悟本來恆存的涅槃。

③「非擇滅」是指非由智慧所得的寂滅。有些法因缺少因緣，而永遠沒有顯現於現
　在的機會，這「緣缺不生」的法，不具有為法的性質，所以屬於無為法。

④ 生於色界第四禪天，滅苦、樂二受的粗動，所得的真如。

⑤ 生於無色界非想非非想天，入滅盡定，想、受俱滅，所得的真如。

⑥ 真如為真實如常的實性，本自無為。

⑦ 世親(Vasubandhu, 320-400)，為印度大乘佛教唯識學派的三大創始人之一，造
　《俱舍論》、《唯識二十論》、《唯識三十頌》等大、小論五百部，人稱「千部論
　主」。

⑧ 見世親造、玄奘譯，《唯識三十頌》第一：「由假說我法，有種種相轉，彼依識
　所變。」

16 八種識

由此可知，對以上五位百法的認知，其前提是假設諸法存在。而對這種假設的接受，只是在開始闡述唯識論時採取的一種方便。這也就點明了唯識方法與說一切有部方法的不同。

一切都是阿賴耶識的變現

依據唯識論，一切感覺、知覺、思想、知識，都是含藏萬有的意識的變現，這種意識稱為「阿賴耶識」。就其不可概念化的性質而言，阿賴耶識就是真如或「大圓鏡智」①。

識共有八種，又可分為三類：

一、了別境識，即識知對象的識，包括眼識、耳識、鼻識、舌識、身識和意識──感受、知覺和思想的中心。

二、末那識，即心理活動的意識，是分別我與非我的中心和反思的中心。

三、阿賴耶識，即一切識知和主、客之變現的基礎。

對於阿賴耶識，《大乘起信論》說：

可從兩方面來看真心〔究竟實相〕：生/滅〔現象〕的一面

和真性〔真如〕的一面。現象來自於「真如」，但現象既非真如的複現，又不相異於真如：「阿賴耶」是諸法保藏與變現的基礎，也就是「真如」。[②]

　　一切識，一切感受、知覺和意識，在其自身中都同時包含識知的主體與客體。當眼睛與花相對時，有人或許會說眼睛與花是相分離的兩種法。但當正在「看」時，「看」的主體與客體主就同時存在於這一感覺之中了。花並非「被看」的客體，「看」的客體只有在「看」本身中才能找到，它並不獨立於感覺的主體之外。

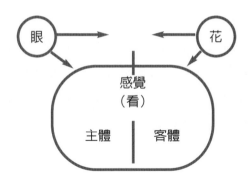

　　上圖表明，只要感覺生起，就意味著已從生理現象（眼）和物理現象（花）相接觸的這一階段，過渡到感覺（看）的階段。這一觀點，突出唯識學派的現象學風格，與說一切有

部的多元唯實論傾向之間的不同。感覺中花的意象是否如實地反映了花的實相呢？這是個關鍵問題。花的實相與由此生起的感覺之間的關係，是唯識學派所關注的另一課題。

我們已說明，感覺和概念的世界只不過是「識」的世界，識的對象只是識知的對象，那麼我們可能要問，使諸識產生的那些生理和物理條件，到底是否真正存在？唯識論告訴我們：它們是存在的，它們是阿賴耶識的對象，它們可說就是「本來的實相世界」。阿賴耶識的作用就是保藏一切諸法，並使之顯現出來。所以它也稱為「一切種子識」(sarvabijaka)。「阿賴耶」一詞就是「含藏」、「保有」之意。雖然它也被視為一種識，但其功能卻和意識與末那識不同，後兩者區分主與客、我與非我。

就純粹感覺而言，如果無主、客的分別，「本來的實相世界」也就顯現了。這個本來的實相世界即是真如，是阿賴耶的真性。如果諸識不再對主、客的有所分別，它們就轉化為「智」，就能圓滿地顯現實相本身。

譯註

① 大圓鏡智就是將有漏的阿賴耶識，轉變成無垢清淨識的智慧。大圓鏡智是一種普現、普照的智慧，不加思索，離諸分別，一切境相悉皆清淨，有如大圓鏡的光明，能遍映萬象，洞觀一切。

② 參見《大乘起信論》：「心生滅者，依如來藏故有生滅心。所謂不生、不滅與生滅和合、非一非異，名爲阿梨耶識。此識有二種義：能攝一切法，生一切法。」

17 唯識的方法

每一種識又由三部分組成：主體（即「見分」）、客體（即「相分」）和真性（即「自證分」）。

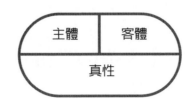

任何感受、知覺和思想，也都具有這三部分。這三部分的提出，表明唯識學派比較注重本體論的問題。「真性」被視為實相的基礎，是識與真如的本質。主、客兩部分不過是真如的變現。就如大海中的每滴水都是鹹的，每一種法都是真如的變現。要洞徹實相，不能為事物所牽制，而要諦觀它們的真性。

那麼，唯識學派所提出的方法又是什麼呢？首先，必須要認識到「不二」的重要性。各種事物都是相互依存而產生的，都沒有一個獨立確實的同一性，稱為事物的「依他起性」。所有脫離依他起性原則的識知都是不正確的，都無法反映實相，那種識知其實是虛幻的想像——妄想，它把實相解析成碎片，賦予每個碎片某種單獨的同一性，妄想分別。如

果蕩除妄想，識知就能清淨純粹，可以顯現真如了。到那時，事物就會呈現出其本來面目，顯現出它們的圓滿實相的本性——「圓成實性」。而純淨的識知，就是「智」。

事實上，妄想分別實相（或「遍計所執性」）、依他起性和圓成實性，都只是識知的不同狀態。當這識知是分別妄想時，識知對象所顯現的就是遍計所執性。當識知因明了依他起性而澄明時，識知的對象就顯現出依他起性。當識知徹底清淨時，識知的對象就是圓成實性。由此，我們再次體會到識知的主、客體是一如的。

在講解了諸法的「三性」後，唯識學派又告訴我們，這三性並非真實地存在。例如，分別事物的遍計所執性，只是因為在看事物時，受到虛幻的蒙蔽才顯現出來的，依他起性和圓成實性也是如此。事物沒有真正的同一性，所以它們並無任何「自性」。

於是，唯識學派又確立了「三無性」[①]的原則，以打破它起初為了指導大眾淨化識知所確立的「三性」原則。這種做法，讓我們想到《中論》以概念破除概念的方法。同時，這也表明唯識方法和禪的方法密切相關。依據唯識論，那絕對的實相，不可用三性、三無性或其他任何概念來描述，這是因為它就是真如，是諸法的真諦，而真諦只有覺悟才能彰顯。

正如般若思想和禪的思想一樣，唯識論也強調淨化識知過

程中「無得」的重要性。世親在《唯識三十頌》中說：

只要識還不想安住於其「不二」本性中，主、客分別的種
種根源就還存在，未能伏滅。

如果面對某些事物，修行者仍把它們當作唯識性②的話，
那麼，他就仍未能安住在唯識性中，因為他還有主、客的
分別。

當面對識知的對象，他不再認為那是自己認知的客體時，
修行者才開始安住於唯識性中，因他已然放下固有的二元
分別。

這一不可思議，不可得的實相，就是超越世間的智慧。③

譯註

① 「三無性」又稱「三種無自性」，是在遍計所執、依他起、圓成實的三性之中，
以無自性之義來論述。三者為：（一）相無性：一切遍計所執的事物，其相皆假
而非實有；（二）生無性：一切法皆依因緣和合而生，因緣生則無有實性；（三）
勝義無性：諸法勝義原無生滅，本不可說，故無有實性。

② 「唯識性」是指唯識實性，即圓成實性。

③ 見《唯識三十論》第二十六至第二十九頌：
「乃至未起識，求住唯識性，於二取隨眠，猶未能伏滅。
「現前立少物，謂是唯識性，以有所得故，非實住唯識。
「若時於所緣，智都無所得，爾時住唯識，離二取相故。
「無得不思議，是出世間智。」

18 阿賴耶識為根本

正如世親所說，唯識性就是真如，是「識知的悟性」。在覺悟的狀態中，前五識就能轉化為「成所作智」——具有種種不可思議力量的智慧；意識就能轉化為「妙觀察智」——明察秋毫的神奇智慧；末那識就能轉化為「平等性智」——無分別的智慧；而阿賴耶識則轉化為「大圓鏡智」——如大圓鏡的智慧。

思惟依他起性，消解隨眠

禪宗並未如唯識學派進行深入地分析和討論，它以另一種深刻的方式展現唯識精神。而阿賴耶識的觀念，能在很大程度上幫助我們明瞭禪的開悟究竟是怎麼一回事。

意識和末那識都只能反映各種要素、想法和概念，而阿賴耶識則是生命與心靈最深層的基礎。從現象的角度來看，阿賴耶識是有和無的基礎，它含藏保有能量與基質，諸法皆由其所變現，這些能量與基質稱為「種子」，末那識和意識都是在阿賴耶識的基礎上被變現出來的。來自末那識和意識的荒謬，如果紮根於阿賴耶識之中，就稱為「隨眠」①。

修行者專注思惟依他起性，就會使他的阿賴耶識內部產生

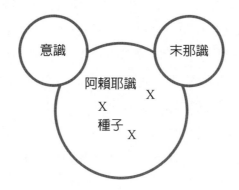

變化，而這種變化又會改變和消解隨眠的根源。覺悟就是這種轉化的結果，稱為「轉依」(asrayparavrtti)。

　　據玄奘的解釋，轉依有「轉化」(paravrtti)和「所依」(asray)之義，轉化並非去破壞；所依在此即指依他起性。體認到依他起性的原則，在此基礎之上就能把無明的種子和宿根，轉化成覺悟的種子和善根。不僅末那識和意識能發生這種轉化，阿賴耶識本身也可以，如果阿賴耶識覺悟了，末那識和意識也就覺悟了。

轉化阿賴耶識，實相顯現

　　對覺者來說，花、草、山、河，都不再是妄想的意象，因為他能在「妙觀察智」的把握中，獲得其實相。「平等性智」

是說覺者有能力契入實相本身，而不會被二元區分所麻痺。

　　單是意識的努力還不能徹悟。首先，既然意識的基礎是阿賴耶識，那麼只有阿賴耶識的轉化才是實實在在的轉化；其次，意識無法顯現實相，因為它仍與二元論相糾纏。

　　因此，一定要讓阿賴耶識開始工作，以轉化「二執」（即對我／非我、主／客的錯誤執著）的種子。以依他起性和圓成實性觀照意識的每一刻，即是正念的時刻、禪的時刻，是無一切分別妄想的時刻。

譯註

① 煩惱的種子，隨逐眾生，眠伏於阿賴耶識中，故稱為「隨眠」。

19 覺悟之路

　　為了弄清楚禪和唯識論所提出的覺悟過程，讓我們來讀一下《楞伽經》中非常重要的一段：

> 大慧！五法就是相、名、妄想、如如和正智。
>
> 一切形式、顏色和形象等，都稱為「相」，也就是表相。
>
> 從這些表相中就形成了概念，例如以「這個是這個」、「這個不是那個」等判斷為模式的概念，這稱為「名」。生起這些概念的「識」及其運作，就是「妄想」。
>
> 這些表相和概念都不是實在的事物，都不可得，它們不過是妄想分別的產物而已。這些分別妄想所不能限定的事物真性，稱為「如如」。
>
> 大慧！如如的特點是實相、確定、究竟、自性、基本和不可得。
>
> 諸佛和我都已證悟如如，並對之加以解說。
>
> 這些教示以契入真如為指歸，所有能善用這些教示的人，就能超越「斷」和「常」的概念，消除分別妄想，而有自我證悟的精神體驗，這種體驗是哲學家、聲聞和緣覺所無法了知的。這稱為「正智」——真正的智慧。
>
> 大慧！我剛剛對你解說的五法，含納了三種自性、八識、

二種無我等基本教說。

大慧！你應運用自己的能力去證悟這些法。一旦你證悟它們，你的心就會堅定，再沒有什麼可以擾亂你的了。[1]

回到真如的世界

藉圖像加以說明，我們可以畫一個圓C。這圓滿的圓，就象徵真如實相，是唯有靠真正的無分別妄想和「不二」的智慧才能顯現的。而在未覺悟的狀態中，我們以為分別妄想的世界就是實相的世界，但事實上，前者只是後者的變現。

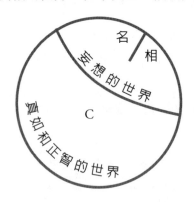

在這種分別妄想的世界中，主與客、相與名都顯現出來。而透過種種善巧方便，我們能回到真如和正智的世界。不過，這並不表示現象的世界就會消失，消失的只是分別妄想。這時現象世界，便會在不被妄想所蒙蔽的正智中顯現出

來。現象世界和真如世界是一體的，就如波浪和水般不可分離。

現在，上文所引用的那一段《楞伽經》的意思就更清楚了。《楞伽經》中說要透過種種善巧方便契入（隨入），這讓我們聯想起馬鳴在《大乘起信論》中提到，可透過巧妙地運用名言概念而契入真如。

在佛教中，覺悟者的語言旨在演說證悟真如之道，這種語言源于超越名言概念的智慧，但恰恰又要使用名言概念。當我們使用由名言概念構成的語言觸及絕對實相時，就是在實踐著《楞伽經》所說的「隨入」。

禪只能去生活和體驗

雖然禪聲稱不立文字，但事實上，禪卻能駕馭名言概念，來顯現超越名言概念的實相。禪師對弟子的幫助能否成功，關鍵要看弟子能否在師父伸手拉她時「隨入」。如果弟子以妄想的方式執著於師父的言詞，就不可能開悟。

一定要清楚，即便禪師並不鼓勵弟子們花時間去研究中觀或唯識，不是因為這些學說與禪相牴觸；相反地，它們能很好地揭示禪的發展。但禪不是禪學研究，禪是生活。禪是與實相直接的接觸。

中觀與唯識的學說可解釋很多東西，但無法讓修行者直接

接觸活生生的實相。禪只能去生活和體驗。正如慧忠上士②所說：「佳樂可演。」再美妙的樂章，只是討論又有什麼用呢？要去演奏才算數啊！

譯註

① 參見漢譯《楞伽經》卷第四：

「復次，大慧！五法者，相、名、妄想、如如、正智。大慧！相者，若處所、形相、色像等現，是名爲相。若彼有如是相，名爲瓶等，即此非餘，是說爲名。施設眾名顯示諸相，瓶等心、心法，是名妄想。彼名、彼相畢竟不可得，始終無覺，于諸法無輾轉，離不實妄想，是名如如，真實、決定、究竟、自性、不可得。彼是如相，我及諸佛隨順入處，普爲眾生如實演說，施設顯示於彼，隨入正覺，不斷、不常、妄想不起，隨順自覺聖趣，一切外道、聲聞、緣覺所不得相，是名正智。大慧！是名五法，三種自性、八識、二種無我，一切佛法悉入其中。是故，大慧！當自方便學，亦教他人，勿隨於他。」

② 慧忠是越南陳朝時期（十三世紀）著名的禪學大師、詩人，是無言通派第十七代弟子，自號「慧忠上士」。他全盤接受馬祖道一的思想，從「即心即佛」出發，立「返觀自己本分事，不從他教」的宗旨，強調此心即是佛，反對形式上的持戒與苦行，不持戒齋，只在自己的封邑上修禪授徒，他後來傳禪要給陳仁宗。

第六章

一人的再生

1 禪院生活

禪院的生活是非常有組織的。八世紀百丈禪師創立《百丈清規》以來所形成的傳統，至今未變。百丈駐錫的寺院在江西洪州大雄山上，後來那座山的名字也稱為「百丈山」了。

《百丈清規》是對早期佛教精神和大乘戒律的綜合。從此以後，禪宗寺院的的規矩傳統就相對獨立，並與當時的律寺傳統區別開來了。

每座禪寺的最高職掌者稱為「院主」或「監院」。負責行政管理的僧人稱為「知事」，他對待寺院，要如對待一個共同體或組織般負起責任。「菜頭」、「園頭」負責菜園、田地，「典座」負責廚房，「知藏」負責藏書，「知殿」和「僧值」負責紀律。「知客」負責照管來訪者，無論是僧或俗；「維那」負責在會議或儀典上唱誦；「衣鉢」負責協調寺中常住僧眾的關係。還有一些職務由大眾輪流，值日的僧人稱為「僧值」，年輕僧人或新學沙彌的角色稱為「侍者」──「等候者」之意，他們要協助較高職位的僧人做一些日常的雜務，向前輩學習如何使自己的舉止符合寺院生活的要求。

每個月有兩次，寺中的全部僧人要在佛堂參加「布薩」①，反省自己是否嚴格遵守二百五十條比丘戒和五十八條菩薩戒。沙彌不參加這一誦戒活動，他們會在寺院另外的房間

裡，一起學習沙彌十戒以及相應的行為準則。另有和諧共住的六項原則──「六和敬」②，也要反覆誦學：

一、共住於一處。

二、遵守相同的規矩。

三、注意言辭，避免爭吵。

四、分享物用。

五、容納不同的見解。

六、創造和諧的輿論氛圍，維護大眾生活的快樂。

早上四點鐘報鐘一響，僧人就要起床。他們有十五分鐘的時間洗漱、穿衣和整理床鋪。然後到禪堂集合，開始打坐。

有一位僧人會站在報鐘處，伴著鐘聲誦唱禪曲。那是一段序曲：

五更已經來臨，那實相之門也已敞開。

願世界行於智慧之道。

願人人深入三乘經教，證得二諦圓融。

願那大證悟的太陽升起，驅散一切烏雲。

在坐禪期間，大鐘有規律地悠然敲響。

坐禪結束，僧人又齊聚佛堂，開始誦經。

早餐通常是一碗米飯，有時會加一些豆類，再配上時令菜蔬和醬油，整個用餐的過程都安靜無語。用罷以後，大家齊誦《心經》。

早餐後，每個僧人都去做各自的事務。房間會收拾整齊，殿堂的地板會擦洗乾淨。有的僧人會去菜園、田地幹活，有的去挑水、尋柴。

十一點半後，有點短暫的休息時間。午餐從正午開始，算是主餐。當報鐘敲響，大家洗過手，穿上海青，依次進入齋堂，在各個的碗缽前端端正正地坐下。用齋要如法如儀，身心皆安享這一餐。下午三點半至五點半，也是勞動時間。如有晚餐的話，一般是粥和中午的剩菜。

暮時課誦從晚上七點開始，八點以後是研習和坐禪時間。打坐已畢，即當就寢。當然，如果願意的話，也可以禪坐直至深夜。

譯註

① 「布薩」源於吠陀祭祀前的齋戒準備，印度的沙門外道乃以此作為集會說法的日子，而佛教也沿用此制度，僧眾於農曆每月十五日與二十九〈三十〉日集會，懺悔罪過並誦戒。

② 「六和敬」是佛陀攝眾的方法之一，其內容包括：（一）身和同住；（二）口和無諍；（三）意和同悅；（四）戒和同修；（五）見和同解；（六）利和同均。前三者是和合的表現，後三者戒是和合的本質，和樂清淨的僧團，便是正法久住的基礎。

2 安居

每年從農曆四月十五至七月十五日，是寺院安排「結夏安居」①的季節。在此期間，任何人不得離開寺院，都要參加密集的坐禪修行。那些在遠處塔廟中獨自修行的僧人，屆時也會趕回本院參加結夏。這是一個集中參學和修行的時期。

有時冬天還要安排冬安居，也是歷時三個月。那些夏季未能抽身參加結夏的人，這時便可以參加結冬。

除了集體禪修的禪堂外（大的禪堂可容納數百人），還有個人修行用的小禪棚，稱為「茅篷」或「關房」。在越南，特別是在越南南部，有很多這種小禪棚。南方氣候溫暖，用竹子和棕櫚樹葉簡單地搭個棚子，就足可遮風擋雨了。禪修者可根據自己的情況，在裡面住上三年、一年或三個月。在此期間，會有個沙彌被指定來照顧他。

禪僧住關房期間，真正是完全地隱修。他必須留守在關房。照顧他的沙彌維持著關房和寺院之間的聯絡，並為之運送飲水、米飯、蔬菜、水果等，隱修的僧人可自己做飯。在關房中，他只有一床（除了睡覺之外，也用來打坐）、一桌、一燈、毛巾、牙刷和經書。禪僧在單獨隱修期間，很少講話，甚至根本不講話。他的護持者一定要十分細心，要注意了解禪師的需要，使其生活儘可能地方便。在照顧隱修禪師

過程中的潛移默化，可讓沙彌學到很多東西。

在結夏、結冬或入關當中，大部分時間都用於坐禪。修行者在蒲團上坐蓮花座，右腳置於左股之上，左腳則置於右股之上。頭要正，脊柱要直，雙目微垂，左手疊於右手上。蓮花座既穩當，又能調養精神。如果初學者覺得如此的坐法比較困難，可先從半蓮花座開始，只要把一條腿放在另一條腿上就行了。

穩坐蓮花座幾小時之後，要起來經行——在禪堂內或繞著關房，緩步行走。如果是集體坐禪的話，經行的時間是事先確定好的。大家雙眼低垂，悄然無聲地依順時針方向，在禪堂內排隊緩緩繞行多次。在這樣行走時，依然要保持正念，一步左腳起時吸氣，下一步右腳起時呼氣。坐禪和經行交替進行，可保持血液循環，減輕雙腿的麻痛之感。

但並非只有在坐禪和經行時才修習正念，一定要學會在菜園勞動時，在打掃庭院時，在洗衣、洗碗時，都要保持正念。很多禪師都是在日常作務中開悟的，對習禪者來說，最基本、最重要的，就是每日、每時都能在正念中生活。脫離了日常生活，就沒有開悟。

譯註

① 因這段期間印度正值雨季，是草木、蟲類繁殖最快的季節，佛陀因恐僧眾外出傷害生靈，而招引世譏；或因雨漂失衣鉢，而發生危險，所以規定僧眾這段期間嚴禁外出，須安住修行。

3 參禪

每隔一段時間，弟子都會被叫到師父面前。這時，弟子可向師父講述自己的體驗、難處和困惑，也可表明他對禪的看法，以獲得師父的教誨。這樣的會面稱作「參禪」——禪的開示與應對。有時問題和回答都是雷霆萬鈞，這是弟子展現自己和解決自身問題的好機會。這樣的開示應對，和禪師在廊前院內隨時集眾說法的情況相同，都稱為「小參」。禪師定期面對所有參禪者上堂說法，稱為「大參」。

在大參問答時，常有一些精彩的應對。參禪者面對師父，要當眾自表，並經受嚴格的考驗。禪師會提出一些問題，有時甚至以棒喝來測試弟子。每個在場的見證者，都因這千鈞一髮的情勢而生起大正念。那些主動要求參加這種測試的僧人，稱為「出陣」。

修行到較高階段的僧人，有的會離開寺院去茅篷閉關自修，有的會去新的寺院任教，有的會去朝山。在此所描述的都是一般的狀況，當然比丘尼的修行也大抵如此。我目前在法國居住和修行的地方叫作「梅村」，這個禪修團體中包括比丘、比丘尼，他們分住在兩個幽僻的小村。

4 在家眾的角色

　　然而，禪並不僅僅屬於僧人。每個人都能學習和修行禪。有很多在家人都被公認為是傑出的禪師。在家人為寺院提供物質支援，因有時僧人的勞動，不足以保障和維持寺院。在家人還參與寺院殿堂的建設，並通過他們的文化活動支援寺院，例如印刷、出版佛經和僧人的著作。

　　有相當多的寺院，每個月都要安排一次活動，讓那些想體驗一下出家生活的人，在寺院裡如僧人般住上一、兩天。在此期間，寺院會專門留出位置給這些在家人，使他們有機會在僧人的指導下修習禪定。

　　正是透過在家人與出家人之間的密切互動，禪的精神才能融入社會生活。詩歌、繪畫、建築和音樂，無不受到禪的影響。插花、茶道、書法、中國水墨畫及彩墨畫等各種傳統，都能在禪中找到其精神淵源。

　　無論在藝術技巧或藝術本質上，可說都有反映著禪。技巧所體現的是藝術家的自我把握，而內容則體現的是藝術家的精神理解。藝術，就是禪的精神世界與社會日常生活世界的結合。

5 禪與今日世界

　　覺悟者一定是個非常自由的人，她擁有精神的力量，不會在社會中隨波逐流。修行者一旦覺悟，就會明心見性、了解自我，對自己的存在和社會地位的真實情況，具有清醒的洞見。這一洞見，就是禪最寶貴的果實。覺悟者的生存方式是最踏實的，他們盡其所能，為社會和眾生做出有益的奉獻。禪這一充滿生機的傳統，造就的是堅定、健康與和諧的人。源於禪悟的藝術與思想，也將具有這種活力和洞察的安詳。

拒絕面對自我的現代人

　　現代人陷入單調乏味，無休止的生產與消費中不能自拔，以至於變成機器零件，無法掌握自我。日常生活耗散我們的精神，吞噬我們的時光，未留下機會使我們能覺照自身，回歸更深層的自我。我們總是習慣於「很忙」，如果真是沒有那些操心事了，反倒覺得空虛、無聊。儘管如此，我們仍拒絕面對自我，反而沈緬於呼朋喚友，三五成群地聽廣播、看電視，以此來排解空虛。

　　當前的日常生活充滿焦慮，這讓人很容易煩躁。在一天的大部分時間裡，我們都為種種情緒所支配，事實上，它們已

操控、佔用了我們。如果我們已不再屬於自己，又如何能說我們在活著，是我們在決定自己的生活呢？

理性是疏離感的根源

今天的生活是依據「理性」所安排的，我們只用了存在的一小部分——認知和意識，來參與生活。而另一部分，更深層也更重要的部分，則是含藏萬有的阿賴耶識，才是我們存在的根基。這部分不可用理性來分析，甚至也無法以意識來分析。今天的人熱愛理性，因過於相信理性，以致脫離真正存在的根。正因為如此，才出現令他痛苦的疏離感，且這種疏離感，一點一點地使他的人性愈來愈機械化了。

一九六〇至七〇年代的叛逆，表明我們渴望重新找回人的精神。如果我們不能開闢一條發現自我真性的新路，人類將有毀滅之虞。在歷史上，我們從未面臨過如此災難深重的潛在危險。我們已無法控制局面，所建立的經濟、政治和軍事體系，已開始反過來威脅自身，並把它們的規則強加於我們，而使我們變得愈來愈「無人性」了。

6 前瞻未來

讓我們以糧食問題為例。現在世界大約有六十億人口，在這人類大家庭中，大多數成員每天晚上都餓著肚子去睡覺。第三次世界大戰，可能並非由強權發動，而是首先暴發於那些充滿饑荒和壓迫的地區，饑荒與政治壓迫是一切戰爭最深刻的原因。

今天的各種戰爭（如越南戰爭、波斯灣戰爭）都是國際性的，各種強權都或多或少地插手其中，因為這些戰爭在很大程度上，牽涉到強權們的勢力範圍和特殊利益。在古巴導彈危機期間，全世界無論哪國、哪派的人，都感到心驚膽戰，世界大戰隨時可能爆發。

一個錯誤的警訊就可能導致全面的恐慌，我們是否有必要的冷靜來控制局面呢？只要250顆原子彈，就足以毀滅北美大陸及其人民，我們更有足夠的核彈，能把地球上的一切生靈毀滅很多次，而這些武器的發射按鈕，就操縱在人類手中。

人會因為自己的錯誤而毀滅

戰爭中和農業中都使用的化學藥劑，已危害到全球的生態系統。根據聯合國教科文組織的研究，鵜鶘將在加利福尼亞

沿海絕跡。在一千二百個鳥巢中，除了五個巢以外，其餘巢中的卵全都被DDT所污染，而無法孵出幼鳥了。這篇報告的結論寫道：「人類將很可能因為自己的錯誤而毀滅。」

保羅・艾爾利奇(Paul Erlich)[①]曾說：「理論上講，農業新技術應能提高糧食產量，可養活七十億，甚至更多的人口，但實踐上這是根本不可能的。」史特林・布內爾(Sterling Bunnell)[②]補充說：「如果我們試圖採用各種技術手段來減少饑餓，例如使用化肥和農藥，我們就會徹底破壞生態環境。沒有什麼能從生態災難中倖存下來，包括人類自身。」

不平衡的資源分配

開發國家和未開發國家之間的差距持續擴大，我們無法期望這種差距會在短期內消除。每年窮國從富國所獲得的經濟協助，遠遠抵不過它們要償還富國的債務。由於缺乏資本和政治動盪，以及不得不抵抗經濟強權的剝削，窮國在解放之路上舉步維艱，遇到的困難和障礙愈來愈多。

與此同時，富有的西方社會消耗了地球上的絕大部分資源，且由於這些消費，污染了大地與天空。例如，美國以其占世界百分之五的人口，竟然消費了世界上將近百分之四十的資源。

這種不平衡使情況愈加危急。查爾斯・史諾(C. P. Snow)[③]教

授曾預言在幾十年內將會發生特大饑荒。在那樣的狀態下，戰爭不可避免。科學家、歷史學家和社會學家已提出警告，但我們的社會似乎無動於衷。我們每天仍舊把自己的生命，用於維護和鞏固這個生產與消費的機制。我們吃、喝、工作，以及迷惑自己，好似什麼事也沒發生。

譯註

① 保羅‧艾爾利奇，德國科學家，著有《人口炸彈》(The Population Bomb) 一書，由人口自然增加率來描繪「人口炸彈」的可怕。他強調由於人口不斷增加，摧殘自然環境，造成糧食不足，飢餓將是殘殺人類的主要兇手，而主張要厲行節制生育。

② 史特林‧布內爾(1882-1957)，著名的神經手術先驅者。

③ 查爾斯‧史諾(1905-1980)，英國的物理學家、小說家。著有《兩種文化與科學發展》(Two culture and scientific evolution)一書，闡述科學世界及人文世界的差異與衝突。他指出當今社會弊病叢生乃起因於「文化分裂」，自然科學家與社會科學家之間的鴻溝愈寬，就愈不利於科技在社會中發揮作用。

7 有可能開悟嗎？

我們所面對的問題，是開悟的問題。我們所缺乏的並非拯救世界的意識形態和教條學說，而是關於「我們是誰」、「我們的真實狀況是什麼」的正念。我們正騎在一匹愈來愈無法駕馭的快馬上，拯救之道在於一種能促進人類重新發現其最深層本性的新文化。

禪的傳統已被動搖

禪，一如在東、西方仍活躍著的其他傳統，曾為精神生命的提升做出貢獻，曾為思想、藝術和文化廓清道路。然而在亞洲，禪在工業技術文明的壓力下衰落了。

西方國家技術的發展，使之產生征服非洲和亞洲國家的需要，以便確保其對市場和工業原料的佔有，於是爭取解放的戰爭此起彼伏。戰爭消耗掉眾多民族的力量，加重原本因人口快速增長而難以解決的飢餓問題。所有這一切，導致社會日益紊亂，也顛覆了社會道德價值的結構。

禪的傳統已被動搖。例如在越南，禪寺儘管地處偏遠山區，大多數仍難免毀於戰爭以及隨後的共產制度。政府建立自己的佛教教會，以便掌控全國的佛教活動，且仍在逮捕佛

教徒和那些呼籲宗教自由的人士。在中國，社會主義動員廣大人民群眾，去實現國家目標和提升軍力。日本的經濟發展，使之成為一個類似於西方的國家，很多固有的精神價值都已讓位於橫行的物質主義。

為了生存，寺院也必須參與當前的經濟生活，無法脫離當前生產與消費的社會需要。所以，寺院也無法如以前般擔當起精神指導機構的重任了。禪在它誕生和發展的那塊土地上，已受到了威脅。

當禪在亞洲逐漸瓦解時，西方開始學禪。很多喜愛禪的西方人，已厭倦了物質文明及其理性主義的方式。建立在邏輯與科學基礎上的工業技術文明，已達到頂峰，開始產生危機和反彈，在這種情境下，禪的出現帶來清新與安慰。

但弔詭的是，與此同時，在具有禪宗傳統的國家，民眾卻轉向物質享受的生活，贊同本國大規模的工業化政策。他們的時間與能量幾乎完全傾注在這一方面，所以如禪這樣的東西就愈顯得不重要了。和西方一樣，東方也將面臨精神上的破產。唯有找到一個新的文化方向，讓精神的維度能發揮指導的作用，才能避免人類的毀滅。

正視「作為人的需要」

我們所需要的並非再提出一套學說，而是能重新保存我們

精神力量的覺悟。使聖雄甘地的抗爭能獲得巨大成功的原因，並非什麼學說，甚至也不是他的非暴力原則，而是甘地本人，是他的生存方式。今天，已有不少有關非暴力主義的著作，而世界各地也都有人嘗試採取這種抗爭方式。

不過，他們並未再次獲得甘地所取得的成就，因為這些「甘地主義者」不具有甘地的精神力量。他們信仰甘地的學說，卻無法促成廣泛的團結運動，因為他們缺乏甘地的精神力量，所以無法產生足夠的感召力和犧牲精神。

如果我們繼續甘受生產和消費機制的牽制，就很難構建自己的精神力量。甘地衣著簡單，赤腳行路，食物節儉。他的簡樸生活，不僅說明他已從物質的束縛中解脫出來，而且也意味著一種巨大的精神力量。

要建設新文明，從一開始就絕不能讓我們的命運為物所轉，讓自己為生產與消費的體系犧牲。那些致力於和生產消費機制抗爭和重新發現人性的人，應被看作是我們這一代的先鋒。

有很多生活富足的人，為了作為人的需要，也已開始反抗物質主義。這並非什麼新觀點，而是被表面的物質累積所壓抑的人的一種基本需要。這種「作為人的需要」是我們最大的希望，是能帶來新文明的要素。

重建新文明核心精神

　　這種新文明的第一個階段，應該是確立種種社會條件，使人們能過上人的生活。「覺醒」的人當然會去建立一些小的共同體，他們物質生活簡單而健康，時間和精力都傾注在精神方面。這些正念的生活群體，一如沒有教條的禪寺。在那裡，時代病將會治癒，精神的健康將重新獲得維護，偉大的藝術與思想也將產生。

　　在東方，禪寺仍然存在，禪對於文學、藝術和禮儀仍保有影響。但西方人似乎要比東方人對禪更感興趣，因為東方人過分專注於物質發展和工業化，他們尚未吃過物質主義和工業技術文明的不人道苦頭。

　　佛教二十世紀在一些亞洲國家的再生，的確要間接地歸功於部分西方學者的工作，他們的研究表達對佛教藝術和思想的崇敬。正是這些學者，幫助亞洲人重新樹立對自己文化遺產的自信，就禪宗而言也是如此。因為西方人對禪有興趣，所以不少亞洲人也回頭關注自己的精神傳統。

　　但對覺悟者而言，即使他們多麼堅毅，也很難對抗整個制度。那麼，我們應如何避免自己成為制度的犧牲品呢？答案似乎並不是衝動行事的政治或經濟衝突。

　　西方的先生與女士們正在向東方尋找新的靈感，人們發現在東方精神中，有種普遍和諧的傾向能慰藉心靈。東方雖然

貧窮，但不像西方那般苦於迷狂和暴力。但東方已久受壓迫，隨時準備拿西方人對付東方人的武器，反過來對付西方，這就是為何西方與東方很難對話的原因。

為了向西方人學習技術以保護自己，東方懂得必須保持謙遜，以便儘量了解它還不知道的東西，但大部分西方人在與東方接觸時，卻沒有這種謙遜的美德。他們滿足於自己的方法與原則，雖然不乏了解東方的願望，卻因擔心失去自己的認同，而始終執著於西方文化的標準與價值，而這也是他們所面臨種種困難的主要原因。

8 東方禪vs.西方工業文明

　　西方文明已把我們帶到懸崖邊緣，因為它把我們變成機器。少部分「覺醒」的西方人，能覺知真實的處境，所以能擺脫西方優越情結的束縛。他們正在尋找新的價值。

　　另一方面，一些亞洲人也前往西方，向西方介紹東方的精神傳統。這願望是崇高的，任務卻是艱鉅的。除非他們對西方人的文化和心態有深刻的理解，否則很難取得成功。如果只是簡單地把亞洲的生活方式強加給西方人，西方人最終會發覺那是很難接受的。

　　禪並非一些儀式的集成，禪是生活。西方人生活在和東方人不同的社會環境中，不能只是對亞洲佛教徒亦步亦趨地模仿。中國禪有中國的特色，同樣地，西方禪也一定要有西方的形式。

　　因此必須努力。西方人要主動放下一些觀念和成見，以便能開放地接受新體驗。有意幫助西方朋友的東方人，也要儘量理解西方人的心性，及其文化與社會環境。只有透過這種雙向的努力與合作，禪才能紮根於西方土壤成為活的傳統。

　　正如臨濟禪師所說，禪是成就「真人」之道。然而，西方也有形成於西方歷史進程中的精神傳統，旨在成就西方的「真人」。我們必須敬慕一切傳統中的優良方面，但問題是無

論在東方或西方，很多這類精神源泉都已乾涸。那些世界性宗教機構的政治性愈來愈重於其精神性，出於對種種物質利益和政治利益的考慮，它們插手世界上的衝突，而忽略自己的精神職責。

工業技術文明持續不斷地催生出新的消費需求，其中絕大多數都並非必要，這樣的文明也產生了苦難與悲劇。宗教必須清楚地意識到應喚醒我們真正的人性，以及為重建生活健全的社區而工作，必須認識到真正的幸福，不在於以痛苦、饑荒和死亡為代價的物質消費，而在於徹見互即互入的覺悟生活，以及認識到我們具有真實面對自我，和誠懇助人的深刻責任。

第七章

一課 虛錄

《課虛錄》
——四十三個公案及陳太宗之拈頌

　　陳太宗(1218-1277)是越南陳朝(1225-1400)的開國皇帝。他在治國的同時修禪，在四十一歲那年，傳位給兒子陳晃，自此一心精進禪修。他有兩部著作：《禪宗指南》和《課虛錄》。在此的四十三個公案即選自《課虛錄》。

　　譯按：《課虛錄》系越南漢文古籍。作者陳太宗本名陳煚，據說曾先後從南宋天封和德誠兩位禪師學禪。一行禪師將《課虛錄》中的〈語錄問答門下〉和〈拈頌偈〉（即四十三個公案）兩節，稍加削刪後譯成英文，並將前者作爲後者的引子。爲了使讀者能看到這一越南中文作品的原貌，在此謹依據Nguyên Huê Chi主編的Thơ Văn Lý-Tryân（《李陳詩文》，Hà Nôi, Nhà Xuát Bà Khoa Hoc Xã Hôi, 1988）中的版本，將《課虛錄》的這兩節全文恭錄於後，並依據現代漢語習慣作了標點。除個別情況外，對文中的通假字（如「達摩」寫作「達麼」）基本未作改動。

〈語錄問答門下〉

一日帝（陳太宗）遊真教寺，宋德成進云：「世尊未離兜率，已降王宮；未出母胎，度人已畢。時如何？」
帝云：「千江有水千江月，萬里無雲萬里天。」

僧云：「未離未出蒙開示，已離已出事若何？」
帝云：「雲生岳頂都盧白，水到瀟湘一樣清。」

僧云：「霽來山色晴，雲去洞中明。為什麼隱顯一如？」
帝云：「除是我家真的子，誰人敢向裡頭行？」

僧云：「古今無異路，達者共同途。陛下將謂得到獨世尊麼？」
帝云：　「春雨無高下，華枝有短長。」

僧問：「人人本自人人具，箇箇元來箇箇圓。為甚麼世尊入山修道？」
帝云：「劍為不平開寶匣，藥因療病出金瓶。」
僧云：「眼中休著屑，肉上莫剜瘡。得於學人分上

有修證麼？」

帝云：「流水下山非有意，白雲出岫本無心。」
僧無語。

帝云：「莫謂無心云是道，無心猶隔一重關。」
僧云：「於心即無，喚甚麼作重關？」
帝重云：「流水下山非有意，白雲出岫本無心。」
僧無對。

〈拈頌偈〉

1

【舉】

世尊未離兜率，已降王宮；未出母胎，度人已畢。

【拈】

劍戟未施，將軍已露。

【頌】

沒形孩子未離鄉，午夜將人度渺茫。

高蹈優遊無間隔，不須船子與浮囊。

2

【舉】

世尊初生，一手指天，一手指地：「天上地下，唯我獨尊」。

【拈】

一片白雲橫谷口，幾多歸鳥盡迷巢。

【頌】

達多初降淨王宮，欲化群生自顯蹤。

七步周行指天地，幾多佛子喪家風。

3

【舉】

世尊拈華，迦葉破顏微笑。

【拈】

剔起眉毛著眼看，進前擬議隔千山。

【頌】

世尊拈起一枝華，迦葉今朝得到家。

若謂此為傳法要，北轅適越路應車。

4

【舉】

外道問佛，不問有言，不問無言。

【拈】

除是我家真的子，誰人敢向裡頭行？

【頌】

牢開難繫有誰知，言語都忘沒處依。

不是世中良馬子，何由特地得便宜？

5

【舉】

世尊陞座。文殊白槌云：「諦觀法王法，法王法如是」。

【拈】

無絃琴上奏陽春，千古萬古聲不絕。

【頌】

雖言句句沒疵瘢，挂角應猶露尾巴。

爭是一枝無孔笛，為君吹起太平歌。

6

【舉】

罽賓國王秉劍，謂二十四祖尊者云：「師得蘊空否？」曰：「已得。」曰：「離生死否？」曰：「已離。」曰：「可施我頭否？」曰：「身非我有，況於頭乎？」王便斬。白乳湧出，王臂自墮。

【拈】

將頭臨白刃，猶如斬春風。

【頌】

利刀斷水火吹光，那事應知也不妨。

報道今朝遠煙浪，誰知別有好思量。

7

【舉】

達麼大師至洛陽少林，九年面壁而坐。

【拈】

著眼看，休瞌睡！

【頌】

鵬搏一奮到南溟，接踵徒勞萬里程。

昨夜祇貪筵上樂，今朝不覺醉難醒。

8

【舉】

二祖乞達麼安心。麼曰：「將心來，與汝安。」
曰：「覓心了不可得。」曰：「安心竟。」

【拈】

三歲孩兒抱華鼓，八十老翁衣繡毬。

【頌】

心既無心道向誰，夢回啞子眼麻彌。

老僧謾道能安竟，笑殺傍觀不自知。

9

【舉】

文殊見女子近，佛坐三昧，文殊出不得，佛敕網明
出得。

【拈】

冤家之子，喪我家風。

【頌】

佛前同出有疎親，此定應為未正真。

若是化工無厚薄，律回何地不陽春。

10

【舉】

馬祖道：「從胡亂後三十年，不曾缺鹽醬。」

【拈】

直饒不犯毫芒，也是拈鎚舐指。

【頌】

前時曾伴貪盃客，家在常為酒店鄰。

縱爾徒誇伶俐漢，途中定作失衣人。

11

【舉】

百丈再參馬祖。馬祖一喝，百丈大悟。

【拈】

利錐千絜，不如鈍鍬一捺。

【頌】

昔日車書未混同，四邊奮蝟起群蜂。

一揮馬老太阿劍，道路從茲資訊通。

12

【舉】

國師一日三喚待者，侍者三應諾。師曰：「將謂吾
負汝，卻是汝負吾。」

【拈】

如人飲水，冷暖自知。

【頌】

尊卑唱和兩相當，此意憑誰較短長。

肺腑向前披露盡，箇中祇許自商量。

13

【舉】

大潙云：「有句無句，如藤倚樹。」 疎山問曰：
「樹倒藤枯，句歸何所？」潙呵呵大笑。

【拈】

水流元在海，月落不離天。

【頌】

浪靜回如風陣收，徒勞向外苦區區。

疑團一笑百雜碎，自此應分玉石殊。

14

【舉】

百丈曰：「如何是不為人說底法？」泉曰：「不是心，不是佛，不是物。」

【拈】

千聖覓他蹤不得，全身隱在大虛空。

【頌】

向前公案沒偏頗，對面看看曾也麼。

佛法位中留不住，夜來依舊宿蘆華。

15

【舉】

南泉云：「心不是佛，智不是道。」

【拈】

吸盡玄微要，回程月下行。

【頌】

萬籟聲沉斗柄移，璇穹澄澈絕瑕疵。

杖藜徒倚登樓望，寂寂寥寥何所為。

16

【舉】

臨濟出世後，唯以棒喝示徒，凡見僧入門便喝。

【拈】

五月五日午時書，赤口毒舌盡消除。

【頌】

入門便喝欲何行，引得兒孫醉裡醒。

不是春雷聲一震，爭教含甲盡開萌。

17

【舉】

南泉云：「平常心是道。」

【拈】

寒即言寒，熱即言熱。

【頌】

白玉元來沒斧痕，何須鎚琢苦求新。

途程不涉家鄉到，付與懸崖撒手人。

18

【舉】

趙州云：「諸人被十二時所使，老僧使得十二時。」

【拈】

挾欺人，本無可據。

【頌】

老漢能于十二辰，獰龍猛虎使之馴。

欲知點鐵成金法，不與人間有事聞。

19

【舉】

僧問臨濟：「如何無位真人？」濟云：「乾屎橛。」

【拈】

彈雀失珠，

投鼠汙器。

【頌】

無位真人乾屎橛，從教釋子喪家風。

看看向下還知否，入海泥牛失腳蹤。

20

【舉】

趙州云：「五臺山勘破婆子。」

【拈】

五月聞雷，不容掩耳。

【頌】

彈指臺山絕是訛，不勞進步得還家。

干戈不動戎心服，寶匣何須出太阿。

21

【舉】

趙州云：「金佛不度爐，木佛不度火，泥佛不度水，真佛屋裡坐。」

【拈】

山是山，水是水。佛在什麼處？

【頌】

輞川圖上列成形，昔日王維浪得名。

枉費丹青難畫處，空中月皎與風清。

22

【舉】

趙州云：「我在青州作一領布衫，重七斤。」

【拈】

鎮州蘿蔔猶自可，青州布衫更愁人。

【頌】

一領布衫特異常，趙州篋笥不包藏。

箇中擬議分銖兩，笑殺東家孟八郎。

23

【舉】

僧問趙州：「狗子有佛性也無？」州云無。又問。

州云有。

【拈】

兩采一賽。

【頌】

問著當前對有無，直教言下滅群胡。

一生自負莫靈漢，也是猶為不丈夫。

24

【舉】

趙州有佛處不得住，無佛處急走過。

【拈】

水到渠成，棒捶痕現。

【頌】

有無佛處兩俱捐，這語都來未是全。

末後楊華還舉似，不離寸步到西天。

25

【舉】

首山拈竹篦。云：「喚作竹篦即觸，不喚作竹篦即

背，且喚作什麼？」

【拈】

勿動著。動著三十棒。

【頌】

竹篦背觸正難分，直下明明舉似人。
雖是坦途塵不動，一場漏逗滿荊榛。

26

【舉】

僧問洞山：「如何是佛？」山云：「壁上麻三斤。」

【拈】

喚作一物還不中。

【頌】

問佛如休說報君，洞山壁上麻數斤。
雖然無有風塵涉，也是猶將境示人。

27

【舉】

僧問蜆子：「和尚西來意？」蜆云：「神前酒臺
盤。」

【拈】

若非獅子兒，不免逐轉塊。

【頌】

直截根源無處依，目前舉似與君知。
若言祖意神前是，大似呼裙作裰兒。

28

【舉】

無業國師云：「若一毫頭凡聖念未盡，不免入驢胎馬腹裡去。」白雲端和尚云：「設使一毫頭凡聖念盡，亦未免入驢胎馬腹裡去。」

【拈】

焚山須虎避，打草要驚蛇。

【頌】

此語都來無志氣，等閑打草要蛇驚。

若人慣涉長安路，措手何須苦問程。

29

【舉】

玄沙示眾云：「諸方老宿盡道接物利生。忽遇三種病人來，如何接？患盲者，拈槌豎拂，他又不見；患聾者，語言三昧，他又不聞；患啞者，教伊說，又說不得。」

【拈】

渴飲饑飱，寒衣熱扇。

【頌】

憂之戚戚樂熙熙，鼻直眉橫不異知。

饑渴熱寒隨處得，何須特地卻生疑。

30

【舉】

瑞巖常喚：「主人翁，惺惺者！向後莫被人欺瞞！」

【拈】

啼得血流無用處，不如緘口度殘春。

【頌】

瑞巖常喚主人公，莫略沈機亦未雄。

若是世間無敵將，爭教技擊日為隆。

31

【舉】

三聖云：「我逢人即出，出則不為人。」興化云：

「我逢人則不出，出則便為人。」

【拈】

一箇盲龜，半雙跛鼈。

【頌】

逢渴之時便飲漿，終朝說食不充腸。

兩條利刃休粘密，異日兒童口內傷。

32

【舉】

南泉見鄧隱峰來，指淨瓶云：「淨瓶是境，爾不得

動著境。」

【拈】

說有向什麼處著。

【頌】

鏡中無垢自徒磨，費盡工夫不奈何。

默默休休隨處樂，當時飯後一杯茶。

33

【舉】

石頭云：「恁麼也不得。不恁麼也不得。恁麼不恁麼總不得。」

【拈】

諸行無常，一切皆苦。

【頌】

好箇話端將似汝，暫為谷口白雲橫。

縱饒全得十分舉，猶在途中萬里程。

34

【舉】

僧問如何是夾山境。山云：「猿抱子歸青嶂後，鳥啣華落碧岩前。」

【拈】

幹木隨身，逢場作戲。

【頌】

夾山幽境無人到，直下應當作麼生。

若是勝流真具眼，任教日午鼓三更。

35

【舉】

僧問睦州：「一氣還轉得一大藏經也無？」州云：
「有甚鯽饆饠子，快下將來。」

【拈】

撒手到家，不勞進步。

【頌】

一氣自能回一藏，不勞摘葉與尋枝。

無邊玄義昭然現，問著山僧總不知。

36

【舉】

臨濟會中，兩堂首座齊下喝。僧云：「還有賓主也
無？」濟云：「賓主歷然。」

【拈】

也是猴白亂說。

【頌】

聖主當天鼓化風，本圖文範盡相同。
猶來遠近分疆里，安得臨民濟世功。

37

【舉】

玄沙云：「若論事者，喻似一片田地主，至界分契
賣與諸人了也。祇有中心樹子，猶屬老僧在。」

【拈】

大海不納死屍。

【頌】

縱你明明悟了人，心頭萬慮沒紜紛，
箇中尚有絲毫在，入眼黃金卻是塵。

38

【舉】

僧問思和尚：「佛法大意？」思云：「盧陵米作麼
價？」

【拈】

竹影掃堦塵不動，月輪穿海水無痕。

【頌】

這言真是莫伶漢，輪盡根機接有情。
一問盧陵何米價，全然總不涉途程。

39

【舉】

僧問文殊：「萬法歸一，一歸何處？」殊云：「黃河九曲。」

【拈】

有時因好月，不覺過滄州。

【頌】

黃河九曲為君舉，沒步途程自到家。

白晝幾多開眼望，不知鷂子過新羅。

40

【舉】

南泉問趙州：「汝是有主沙彌、無主沙彌？」州云：「有主。」泉云：「如何是有主？」州叉手云：「即日恭惟尊侯動止萬福。」

【拈】

伏手活槌不換鈕，善使之人皆得便。

【頌】

趙州叉手示於人，不落雙邊主自分。

豈是華籃韓令術，爭知會造酒迻巡。

41

【舉】

僧問木庵：「如何是衲衣下事？」庵云：「針錐不入。」

【拈】

靜坐絕纖塵，虛空不通線。

【頌】

持之則軟扭之柔，鐵額銅頭進莫由。

雖是虛空無間隙，夜來依舊桂華秋。

42

【舉】

龐居士云：「此是選佛場，心空及第歸。」

【拈】

鴈塔題名，不容曳白。

【頌】

鶉衣百結草鞋穿，選佛場中奪桂箋。

若謂心空來應舉，不遭鞭撻也遭拳。

43

【舉】

慈明問真點：「胸〔如何是〕佛法大意？」真曰：

「無雲生嶺上，有月落波心。」明喝曰：「頭白齒黃，猶作此見解！」真淚下。久曰：「不知如何是佛法大意？」明曰：「無雲生嶺上，有月落波心。」真大悟。

【拈】

仁者見之謂之仁，智者見之謂之智。

【頌】

彼此同鳴一調琴，須當作付與知音。

無雲有月雖同是，爭奈山高與水深。

【咄】

終日走紅塵，不識自家珍。

【咦】

撒手夫依全體現，扁舟漁父宿蘆華。

附錄 一 梅村簡介

在法國的梅村道場 (Plum Village) 和美國的兩個禪修中心 (Deer Park Monastery 和 Green Mountain Dharma Center) 內，僧侶與平信徒們都在修習一行禪師所遵奉的正念生活。無論是個人或與家人朋友，都歡迎前來參加禪修中心所舉辦的一天或更長時間的正念修習。想知道更多的訊息，請上網www.plumvillage.org 或與以下的單位聯絡：

Plum Village	Deer Park Monastery	Green Mountain Dharma Center
13 Martineau	2499 Melru Lane	P.O. Box 182
33580 Dieulivol	Escondido, CA 92026	Hartland Four Corners,
France	USA	VT 05049
Tel: (33) 5 56 61 66 88	Tel: (1) 760 291-1003	USA
NH-office@plumvillage.org	deerpark@plumvillage.org	Tel: (1) 802 436-1103
	www.deerparkmonastery.org	mfmaster@vermontel.net
		www.greenmountaincenter.org

國家圖書館出版品預行編目資料

見佛殺佛：一行禪師的禪法心要/一行禪師（Thich Nhat Hanh）著；
汲喆譯.--初版.--臺北市：橡樹林文化出版：家庭傳媒城邦分公司發
行,2005[民94]
    面；　公分. - -（善知識系列：JB0027）
    譯自：Zen Keys
    ISBN 986-7884-50-7（平裝）

    1.禪宗-修持

226.66   94020584

善知識系列　JB0027

見佛殺佛——一行禪師的禪法心要

作者	一行禪師（Thich Nhat Nanh）
譯者	汲喆
特約編輯	釋見澈
封面設計	A´design
內頁版型	舞陽美術‧吳家俊

總編輯	張嘉芳
編輯	劉昱伶
業務	顏宏紋
出版	橡樹林文化
	城邦文化事業股份有限公司
	104台北市民生東路二段141號5樓
	電話：(02) 2500-7696　　傳真：(02) 25001951
發行	英屬蓋曼群島商家庭傳媒股份有限公司城邦分公司
	104台北市中山區民生東路二段141號5樓
	客服服務專線：(02) 25007718；25001991
	24小時傳真專線：(02) 25001990；25001991
	服務時間：週一至週五上午09:30～12:00；下午13:30～15:00
	劃撥帳號：19863813　戶名：書虫股份有限公司
	讀者服務信箱：service@readingclub.com.tw
香港發行所	城邦（香港）出版集團有限公司
	香港灣仔駱克道193號東超商業中心1樓
	電話：(852) 25086231　傳真：(852) 25789337
	E-mail：hkcite@biznetvigator.com
馬新發行所	城邦（馬新）出版集團【Cité (M) Sdn. Bhd. (458372U)　】
	41, Jalan Radin Anum, Bandar Baru Sri Petaling,
	57000 Kuala Lumpur, Malaysia.
	電話：(603) 90563833　　傳真：(603) 90576622
	E-mail：services@cite.my
初版一刷	2005年12月
初版十刷	2023年 4 月

ISBN 986-7884-50-7
定價：220元
版權所有‧翻印必究（Printed in Taiwan ）
缺頁或破損請寄回更換。